Jesper Juul • Mathias Voelchert

Geborgen und stark

JESPER JUUL
MATHIAS VOELCHERT

Geborgen und stark

Wie Eltern in Trennung Orientierung und Halt geben

Kösel

Sollte diese Publikation Links auf Webseiten Dritter enthalten, so übernehmen wir für deren Inhalte keine Haftung, da wir uns diese nicht zu eigen machen, sondern lediglich auf deren Stand zum Zeitpunkt der Erstveröffentlichung verweisen.

Übersetzung aus dem Dänischen von Knut Krüger: S. 96–101 *(Das Wohl des Kindes)*

Dieses Buch basiert auf Vorträgen, die Jesper Juul und Mathias Voelchert 2010 gehalten haben und die auf der DVD *Trennung und dann …*, hrsg. 2011 von familylab.de – die familienwerkstatt zusammengefasst wurden.

MIX
Papier aus verantwortungsvollen Quellen
FSC® C014496

Klimaneutral
Druckprodukt
ClimatePartner.com/14044-1912-1001

Penguin Random House Verlagsgruppe FSC® N001967

2. Auflage 2022

in der Penguin Random House Verlagsgruppe GmbH,
Neumarkter Str. 28, 81673 München
Umschlag: Weiss Werkstatt München
Umschlagmotiv: © Adobe Stock / Photographee.eu
Vignetten: © Adobe Stock / Keya
Verschriftlichung und Vorlektorat: Nuka Matthies
Redaktion: Knut Krüger
Druck und Bindung: GGP Media GmbH, Pößneck
Printed in Germany
ISBN 978-3-466-31175-0
www.koesel.de

Anmerkungen des Herausgebers und der Vor-Lektorin Nuka Matthies

Wir haben uns entschieden, in diesem Text durchgängig die weibliche Form zu verwenden, wenn von Personengruppen die Rede ist. Natürlich sind in diesen Fällen immer alle Geschlechter gemeint.

Ausnahme: Der Begriff »Partner« ist für uns trotz seines grammatikalischen Geschlechts (und trotz des auch existierenden Wortes »Partnerin«) gefühlt neutral und wird bei allgemeinen Personengruppen stellvertretend für alle Geschlechter verwendet.

Auch wenn in diesem Text vorwiegend von Partnerschaften zwischen Männern und Frauen gesprochen wird, möchten wir betonen, dass die menschlichen und psychologischen Phänomene, die beschrieben werden, unserer Ansicht nach für alle Formen von Liebesbeziehungen und für Menschen aller Geschlechter gleichermaßen von Bedeutung sind.

Inhalt

Einleitung

von Mathias Voelchert

Geborgen und stark werden Kinder, wenn wenigstens eines ihrer Elternteile oder ein erwachsener Ansprechpartner immer zuverlässig für sie verfügbar ist.[1] Wenn Sie verlässlich für Ihr Kind da sind, zuhören und sich gleichzeitig als ein ganz normaler Mensch mit allen Fehlern zeigen können, dann stehen die Chancen sehr gut, dass Ihr Kind sich geborgen und stark fühlt und dass diese Lebensqualitäten auch in seinem späteren Leben verankert sein werden. Und das unabhängig davon, ob es in seiner ursprünglichen Familie aufwächst oder nicht.

Dieses Buch richtet sich entsprechend an Menschen, die ihrem Partner noch mit Empathie begegnen können, aber realisiert haben, dass es zusammen nicht mehr geht. Wer jeden Bezug dazu verloren hat, was einmal schön war in der Beziehung, und deshalb nicht (mehr) in der Lage ist, sich zu trennen, ohne den anderen zu beschädigen, kann seinen Kindern diese Lebensqualitäten nicht vermitteln.

Es ist bemerkenswert, dass die Brisanz und Aktualität des Themas »Trennungsverarbeitung« seit Jahren eher zu- als abnimmt. Die passende Balance zwischen Integrität (was ich für mich selbst tue) und Kooperation (was ich für dich und andere tue) zu finden, ist für beide Teile nicht leichter geworden. In Familienberatungen erlebe ich oft, dass sich dieser wiederkehrende Konflikt offenbart, wenn das Oberflächliche beiseite geräumt ist. Oft haben Paare etwas Wichtiges verloren, ohne es bemerkt zu haben. Meist wird dann über Äußerliches gestritten, obwohl es doch um Inneres geht!

Dass eine Ehe zu Ende geht, ist alles andere als ideal. Aber alle Dinge unter dem Himmel gehen irgendwann zu Ende, und wenn zeitliche Begrenztheit einer Sache ihren Wert nähme, dann würde nur Weniges im Leben wirklich gelingen. Jede Beziehung ist eine auf Zeit. Besonders der Paarbeziehung tut dieser Hinweis auf Vergänglichkeit gut. Unsere Idealisierung der Dauer setzt uns unter Druck, wenn wir am Ende einer Beziehung angelangt sind. Wenn sich zwei Menschen trennen, die sich einst geliebt haben, ist das oft mit tiefem Schmerz verbunden. Der Schmerz rührt daher, dass uns bewusst wird, was in unserer Beziehung nicht möglich war. Doch Trennung muss nicht in Bitterkeit oder Schuldzuweisungen enden. Sie kann auch die Chance für einen neuen Anfang sein.

Eine besondere Herausforderung stellt eine Trennung dar, wenn es nicht nur um ein Paar, sondern um eine Familie geht. Kinder schaffen eine unverbrüchliche Verbindung zwischen den Eltern. Auch wenn sich ein Elternteil völlig zurückzieht, Vater oder Mutter bleibt er oder sie dennoch zeitlebens. Aus Sicht der Kinder besteht die ursprüngliche Familie immer weiter: Egal, was passiert, der Vater bleibt der Papa, die Mutter bleibt die Mama – Punkt.

Kinder *brauchen* ihre Eltern, und sie brauchen ihre Eltern *groß*. Wenn Eltern sich trennen, kommen Kinder in Not, wenn die Eltern den Boden unter den Füßen verlieren und aufeinander losgehen, angetrieben von ihrem eigenen Schmerz. An unseren Kindern können wir leicht sehen, wie unsere Trennung läuft. Sie sind die Seismographen, die anzeigen, ob es ganz gut klappt oder ob wir Eltern noch Entwicklungsluft nach oben haben. Immerhin schaffen es heutzutage mehr Eltern, sich in Frieden zu trennen. Wenn das nicht gelingt, ist es niemals die *Schuld* von jemandem. Nein, alle meine Erkenntnisse und Erfahrungen mit Eltern zeigen: Wenn die liebevollen Gefühle zum Kind (oder auch zum Partner) beeinträchtigt sind, dann nur deshalb, weil jemand selbst zutiefst verletzt wurde. Werden damit verbundener Stress und die ungelösten Ängste ausgelebt, fühlt sich das Kind bedroht und verlassen. Verlassen von seinen wichtigsten Bindungs- und Bezugspersonen! Das ist gleichbedeutend mit maximaler Verunsicherung. Dieser Stress, diese Verunsicherung führen manchmal dazu, dass Kinder versuchen, alles, was ihnen möglich ist, dazu beizutragen, dass die Eltern wieder zusammenkommen. Ein achtjähriger Junge erzählte in einer Beratung, er spanne abends im Bett immer so lange wie möglich alle Muskeln an, in der Hoffnung, dass Mama und Papa wieder gut miteinander seien. Kinder wollen alles geben, um ihr sicheres Umfeld zu erhalten.

Eltern haben in einer Trennung oft die Vorstellung, sie müssten darauf schauen, was das Beste für ihr Kind sei. Doch es ist gerade andersherum. Die Eltern müssen darauf schauen, was für sie das Beste ist. Ich erachte es als die Aufgabe von Vater und Mutter, den nächsten Entwicklungsschritt in ihrem Leben zu gehen und sich mit ihren eigenen Kinderängsten und ihrem Stress zu konfrontieren, denn das ist meist die eigentliche Ursache dafür, dass der Trennungsprozess sich so schmerzlich gestaltet. Elternschaft ist die Spitze des Eisbergs dessen, was uns in unseren Herkunftsfamilien zugestoßen ist. Wenn wir uns daran erinnern, wie unsere Eltern und deren Eltern aufgewachsen sind, und uns dann überlegen, wie wir uns gegenüber unseren Kindern verhalten, dann können wir schon ermessen, welcher Sprengstoff uns allen in die Wiege gelegt wurde. Gerade Väter versuchen, davor wegzulaufen. Doch so schnell kann niemand laufen, wir haben unsere Herkunft und deren ungelöste Themen immer dabei. Wenn es in Trennungszeiten ernst wird, haben wir erneut die Wahl, uns diesen alten Verletzungen zu stellen und die alten Wunden endlich heilen zu lassen. Immer gewahr, dass Narben bleiben. Das ist unsere Möglichkeit, aus dem Karussell des Schmerzes auszusteigen. Dann schaffen wir es, unseren Kindern die Geborgenheit zu geben, die sie brauchen.

Geborgen fühlen sich unsere Kinder, und stark fürs Leben werden sie, wenn wir Eltern uns unseren gefährlichen Gefühlen, unseren Dämonen, unseren Ängsten stellen, die wir aus unserer eigenen Kindheit mitgebracht haben. Wenn wir es schaffen, unsere Wunden zu heilen, erzielen wir einen doppelten Gewinn, wir werden frei, und unsere Kinder müssen nicht Lasten, die eigentlich gar nichts mit ihnen zu tun haben, weitertragen. Das gilt nicht nur in Trennungssituationen, dann aber ganz besonders.

Im folgenden ersten Kapitel werde ich noch genauer umreißen, wie Eltern sich verantwortungsvoll trennen. In den darauffolgenden Kapiteln folgen die Überlegungen Jesper Juuls dazu, wie Eltern ihren Kindern in einer solchen Situation Halt und Orientierung geben. Ich freue mich, dass diese

Gedanken von Jesper Juul über die Gleichwürdigkeit von Beziehungen auch nach seinem Tod im Juli 2019 nichts von ihrer Aktualität verloren haben – gerade in Bezug auf sich verändernde Eltern-Kind-Beziehungen.

Auf familylab.de (der Familienwerkstatt) und auf bimw.de (Beziehungen im Wandel) finden Sie dazu weitere hilfreiche Anregungen. Ich wünsche Ihnen den bestmöglichen Gewinn aus diesem Buch.

Ihr Mathias Voelchert

Trennung in Liebe – auf das *Wie* kommt es an

von Mathias Voelchert

Uns als Eltern familienverträglich zu trennen, gelingt nur, wenn jeder sich dem anderen gegenüber verantwortungsvoll verhält, auch und gerade in der Trennung.

Doch Trennung ist ein heikles Thema, das für viele Betroffene ein großes Maß an Emotionen und Schmerz mit sich bringt. In der Regel versuchen wir, Trennungen und Abschieden auszuweichen oder sie möglichst schnell hinter uns zu bringen.

Ich selbst habe mich 1996 gezwungenermaßen mit dem Thema Trennung beschäftigen müssen – als meine erste Frau und ich uns getrennt haben. Unsere Kinder waren damals fünf und sieben Jahre alt. Wenn Sie sich heute in einer Trennungssituation befinden, würde ich Sie gern ermutigen, das Thema kraftvoll und mutig anzugehen. Lassen Sie sich nicht von Menschen, die schlechte Erfahrungen gemacht haben, entmutigen!

Als meine erste Frau und ich uns getrennt haben, waren wir seit zwanzig Jahren zusammen. Schon den Gedanken an eine Trennung hatte ich stets weit von mir gewiesen. Trennung war etwas für andere Leute, aber doch nicht für mich. *Wer sich trennt, ist gescheitert und hat kapituliert – das passiert mir nie*, habe ich gedacht. Und es war wie ein Schock, als ich erkannt habe, dass es endgültig vorbei war, dass unsere Liebesbeziehung als Paar zu Ende war.

Gleichzeitig gab es so ein widersprüchliches Gefühl bei mir und bei meiner ersten Frau ebenso: Da war noch Liebe da. Von ihr zu mir und von mir zu ihr. Aber es war keine partnerschaftliche Liebe mehr, sondern eine mitmenschliche Liebe. Diese Liebe hat nicht von heute auf morgen aufgehört, sondern es gab eine Phase des Übergangs, die mich sehr verwirrt hat. Ist es wirklich vorbei oder fängt es wieder an, fragte ich mich. Kann es noch eine gemeinsame Zukunft für uns geben?

Auf diese weitverbreitete Unsicherheit möchte ich gern aufmerksam machen. Manche Menschen wissen ganz genau, dass es vorbei ist. Doch die meisten, mit denen ich spreche, sind sich ihrer Sache nicht so sicher.

Oft geraten wir mit unseren Moralvorstellungen und unseren Ansichten, was in einer Ehe erlaubt ist und was nicht, in Konflikt. Und ich denke, es ist wichtig, dass Sie sich auf diesen Punkt konzentrieren und sich genau überlegen: »Was ist mir wichtiger – meine Moralvorstellungen oder unsere Beziehung?« Die Beziehung zu Ihrer Frau, zu Ihrem Mann, zu Ihren Kindern – das ist der Dreh- und Angelpunkt Ihres Lebens, und für den lohnt es sich, zu leben. Die Moral dagegen ...

Ich sage nicht, dass man unmoralisch handeln soll, aber ich denke, es ist wichtig, zwischen Moral und Ethik zu unterscheiden. Moral beruht für mich auf vorgefassten starren

Meinungen: *Das macht man nicht*. Unsere Ethik hat hingegen mit persönlichen Überzeugungen zu tun: *Das tue ich nicht, weil es meinen Werten nicht entspricht*.

In uns allen ist der Wunsch verwurzelt, die Trennung von *Ich* und *Du* zu überwinden. Dennoch können wir uns der Erkenntnis nicht verschließen, dass wir Individuen sind und eine vollkommene Symbiose gar nicht möglich ist.

Je genauer wir unsere eigenen Grenzen kennenlernen und je besser wir lernen, die Grenzen unseres Partners zu respektieren, desto besser gelingt auch unsere Beziehung. Auch Trennungen gelingen uns besser, sofern sie dann überhaupt noch nötig sind.

Interessant ist, dass wir die Symbiose als Ziel beziehungsweise als gewünschten Langzeitzustand betrachten. Vielleicht hat das mit der Erinnerung an unsere Zeit im Mutterleib zu tun, dem ein langer Trennungsprozess folgt. Zunächst wird die Nabelschnur durchtrennt, dann entdecken Kinder ihre Selbstständigkeit, durchleben die Pubertät, gehen eigene Wege, trennen sich von vielem Althergebrachten. Abschiede und Trennungen sind uns eigentlich vertraut. Trotzdem erleben viele Menschen die Trennung vom Partner so, als würde etwas in ihnen sterben. Es stirbt aber nicht die Beziehungsfähigkeit, sondern die Illusion, vollkommen miteinander verschmelzen zu können. Wir idealisieren die Symbiose, statt sie als zeitlich begrenztes Phänomen zu betrachten.

Julie und John Gottman, zwei amerikanische Beziehungsforscher, haben beschrieben, was eine erfolgreiche Paarbeziehung ausmacht: das Bewusstsein, einen gemeinsamen Sinn fürs Leben zu schaffen; die Fähigkeit, scheinbar ausweglose Pattsituationen zu überwinden; der Pragmatismus, Probleme zu lösen, die sich lösen lassen, und die Akzeptanz, dass es auch unlösbare Probleme gibt. Auch die klassischen Beziehungskiller sind von den Gottmans und einem Forschungspartner untersucht worden: den Partner zu verurteilen und zu verachten. Ihn gering zu schätzen und mit Schuldzuweisungen zu überhäufen. Mehr »Du« als »Ich« zu sagen. Destruktive Konflikte zu produzieren und den eigenen Anteil daran nicht sehen zu wollen. Mit Schweigen zu strafen, Gespräche zu verweigern, sich abzukapseln. Machtdemonstrationen zu betreiben und den Partner zu demütigen.[2]

Sie führen auf direktem Weg zum Scheitern der Beziehung, zum Bruch und zur inneren Kündigung des Partners – und meistens auch zu schlechten Trennungen. Denn wie soll eine wohlwollende und konstruktive Trennung gelingen, wenn es bis dahin nur Missverständnisse, Machtdemonstrationen, Verachtung und Misshandlungen mit Worten gegeben hat?

Ehe bzw. Familie ist keine Harmonieveranstaltung, sondern eine Wachstumsveranstaltung. Und auch jede Trennung bietet den beteiligten Erwachsenen enorme Wachstumsmöglichkeiten, um sich endlich von alten, untauglichen Mustern zu lösen. Eines ist mir auf meinem eigenen Weg und in der Arbeit mit Paaren klar geworden, wir trennen uns in den seltensten Fällen vom Partner, wir trennen uns von den Anteilen *unserer selbst*, die uns zu dem haben werden lassen, wie wir heute sind und wie wir nicht mehr sein wollen. Gleichzeitig sehen wir in den seltensten Fällen Alternativen zum erlernten Verhalten. Hier neue Ideen zu entwickeln, erhöht die Chance, dass sich ein ähnliches Drama zumindest in der nächsten Beziehung nicht wiederholt.

Die Art der Trennung ist oft ein Abbild der vorangegangenen Partnerschaft.

Versuchen Sie, so sachlich miteinander umzugehen wie irgend möglich, wenn einer von Ihnen beiden den Trennungsentschluss gefasst hat. Auch während der Trennung einen gewissen Zusammenhalt zu bewahren, ist eine gute Idee – sich selbst und den gemeinsamen Kindern zuliebe. Die Partner können versuchen, sich als Menschen verbunden zu fühlen, und nach gemeinsamen Lösungen suchen, so schwer dies im Einzelfall auch fallen mag. Man sollte sich stets vergegenwärtigen, dass es lange braucht, um ein Vertrauensverhältnis aufzubauen – zerstören kann man es hingegen in kürzester Zeit.

Ich habe noch kein Paar in Trennung erlebt, bei dem die Liebe vollkommen verschwunden war. Oft war sie verschüttet, abgenutzt und strapaziert – manchmal bereits in Wut und Hoffnungslosigkeit umgeschlagen, doch mitmenschliche Liebe und gegenseitiges Wohlwollen waren noch manchmal zu spüren – schließlich hat man sich einmal geliebt.

Die Transformation von der partnerschaftlichen Liebe zur mitmenschlichen Liebe hinzubekommen, sollte das Ziel sein. Auch müssen wir uns klarmachen, dass wir – falls überhaupt – nur wenige so gute Freundinnen oder Freunde haben wie den Partner, mit dem wir viele gemeinsame Jahre verbracht haben; beziehungsweise niemanden, den wir so gut kennen. Auch darum sollte man sich weiterhin gewogen bleiben. Meine erste Frau und ich kennen uns jetzt seit über fünfundvierzig Jahren, gehen wohlwollend miteinander um und helfen einander, wenn es nötig ist. Es gibt nicht viele Menschen, mit denen uns so eine lange gemeinsame Geschichte verbindet. Um das zu erreichen, ist es aber unumgänglich, sich mit den eigenen Ur-Ängsten und Dämonen zu befassen, von alleine werden die nicht verschwinden. Holen Sie sich Hilfe, um Ihre Lebensqualität entscheidend zu verbessern!

Es lohnt sich, um Menschen zu kämpfen, denen man sich seit Langem verbunden fühlt. Dazu gehört auch, etwaige Rache- oder Angstgefühle irgendwann ad acta zu legen.

Im aufgewühlten Zustand während der Trennung fällt schon mal der frustrierte Satz: »Du hast mein Leben zerstört.« Würden wir einen kühlen Kopf bewahren, müsste der Satz vielmehr lauten: »Meine Erwartungen sind nicht erfüllt worden.« Zugegeben, so viel Abgeklärtheit ist womöglich zu viel verlangt, doch sollten wir uns klarmachen, dass die andere Person mein Leben nicht zerstören kann. Sie kann meine Vorstellungen, die ich vom Leben hatte, schwächen oder enttäuschen. Dann ist es an mir, die Konsequenzen zu ziehen und mich zu trennen beziehungsweise neu zu orientieren. Ich selbst kann mein Leben neu konzipieren.

Wir leben in einer Zeit, in der wir eine Trennungskultur entwickeln müssen, um der allgemeinen Ratlosigkeit im Verlauf einer Trennung entgegenzuwirken. Diese Ratlosigkeit bringt manche dazu, aufeinander loszugehen, statt miteinander nach besseren Lösungen für alle Beteiligten zu suchen.

Bei meiner eigenen Trennung ging es nur um mich. Ich habe meiner Frau keine Vorwürfe gemacht. Doch ich hatte mich in unserer Beziehung so weit verbogen, dass ich meilenweit von dem Vater und Mann entfernt war, der ich hätte sein können. Ich wusste ganz genau, dass ich anders sein konnte als in dieser Konstellation. Das hat sich später bestätigt, auch wenn ich bis heute mit meiner Ungeduld noch immer nicht im Reinen bin.

Zum Frieden braucht es zwei, zum Krieg reicht einer

Damit wir uns gemeinsam entwickeln können, braucht es zwei, die das Risiko eingehen, verletzlich zu sein. Wer dem anderen Vorwürfe macht, statt sich an die eigene Nase zu fassen, versucht, sich unverletzlich zu machen. Dasselbe gilt für die Trennung. Eine Trennung in Liebe gelingt nur, wenn beide sich verletzlich machen und überlegen: Was kann ich tun? Was habe ich getan? Auch ich bin ein Teil dessen, was wir bis hierhin geschaffen haben. Und wenn du einen neuen Partner suchst, habe auch ich etwas damit zu tun. Das hat nichts mit Schuld, sondern mit individueller Entwicklung zu tun. Wir verändern uns ständig, doch bei unserem Partner wollen wir diese Veränderungen oft nicht wahrhaben, weil sie manchmal unangenehm, ja bedrohlich für uns sind.

An dieser Stelle möchte ich betonen, dass man keine Therapeutin und keine Fachfrau sein muss, um eine gemeinsame, halbwegs harmonische Trennung hinzukriegen. Man braucht nur ein offenes Herz für sich selbst, für den Partner und die Kinder. Man muss in sich hineinhorchen und seinen eigenen Weg finden. Man kann nichts kopieren. Dagegen ist es sehr wichtig, mit seinem Partner im Gespräch zu bleiben.

Ohne ein Mindestmaß an Kommunikation ist eine konstruktive Trennung unmöglich. Ausgangspunkt jeder Kommunikation ist jedoch ein intaktes Verhältnis zu sich selbst.

Ein freundliches, offenes Herz und die Fähigkeit, sich verletzlich zu machen – das ist die Voraussetzung, um miteinander neu ins Gespräch zu kommen. Krieg kann nur in kalten, verschlossenen, beschädigten Herzen entstehen, die erst so gemacht worden sind, nie so auf die Welt kamen. Ich muss in der Lage sein, mich in der hoch emotionalen Situation selbst wahrzunehmen – gar nicht so sehr die andere Person – und mich selbst zu befragen: »Was passiert gerade mit mir? Wie geht es mir?«

Alle Paartherapeutinnen wissen, dass die meisten Menschen dazu neigen, Beziehungsprobleme erst mal zu leugnen oder zu relativieren. Erst im zweiten Schritt sind sie in der Lage, ihre Probleme einzuräumen. Doch sind wir mit ihnen nicht allein. Es ist ein Charakteristikum von Beziehungen, dass es manchmal Krieg, Streit oder Auseinandersetzungen gibt. Dass Enttäuschungen vorprogrammiert sind. Der entscheidende Punkt ist, wie wir mit diesen Emotionen danach umgehen. Man kann es lernen, wenn man will, und zwar am besten gemeinsam.

Es gibt auch Situationen, in denen die andere Person Krieg

will und kein konstruktiver Dialog mehr möglich ist. Wie soll man sich in so einer Situation verhalten? Ich kann offen fragen: »Warum willst du denn Krieg?« Die andere Person will ja nicht Krieg mit der Metzgerin oder der Postbotin, sondern sie will Krieg mit mir. »Was habe ich dir getan, dass du mich verletzen willst?« Worauf die andere Person möglicherweise entgegnet: »Du hast dich von mir getrennt, und das verletzt mich so sehr, dass ich mich rächen und dich beschädigen will.« Das könnte der Beginn eines fruchtbaren Dialogs sein.

Die Person, die Krieg oder Rache will, sagt eigentlich: »Ich liebe dich so sehr, dass ich dich nicht hergeben kann.«

In Beratungen höre ich öfter die Sätze: »Du bist das Wichtigste in meinem Leben. Du bist mein Ein und Alles.« Doch es ist eine große Belastung, das Ein und Alles für jemanden sein, zumal zu dessen Bedingungen. Nach dem Motto: »Wenn du so bist, wie ich dich haben will, bist du richtig. Sonst nicht.« Diese Haltung wirkt in der Beziehung wie eine rote Karte, wie Ausschluss. Beziehungen funktionieren umso besser, je mehr beide Partner ganz sie selbst sein können. Es ist nichts Ungewöhnliches, dass nach sieben, vierzehn oder zwanzig Jahren eine Bestandsaufnahme stattfindet und einer von beiden sagt: »Ich kann nicht mehr weitermachen. Du hast dich in diese Richtung entwickelt und ich in jene.« Oder: »Ich kann deine Anforderungen nicht länger erfüllen.« Oder: »Mit den Kindern hat sich so vieles verändert – so kann ich nicht weitermachen.«

Der genannte Trennungsgrund – zum Beispiel die Untreue

des einen Partners – ist oft nur der Auslöser, nicht die Ursache der Probleme. Meist ist im Vorfeld schon vieles kaputtgegangen, wenn so ein Ereignis eine Trennung nach sich zieht. Deshalb sollten wir den Anfängen wehren, indem wir einen besseren Kontakt zu uns selbst und zu unserem Partner pflegen.

Vor fünfundzwanzig Jahren hätte ich die Untreue meiner Partnerin nur schwer ertragen können. Heute könnte ich damit vermutlich besser umgehen. Weil ich gelassener und erfahrener bin und weil es für mich in meinem jetzigen Alter nicht mehr so wichtig ist. Ich könnte es heute anders einordnen. Ich denke, das ist auch eine Frage des Selbstwertgefühls. Wenn ich ein solides und belastbares Selbstwertgefühl habe, dann kann ich damit umgehen. Wenn ich aber ein Selbstwertgefühl habe, das sowieso schon im Minusbereich ist, dann trifft mich so ein Erlebnis ins Mark und löst Gegenreaktionen aus.

Wer den Partner als sein persönliches Eigentum betrachtet, für den oder die bricht bei einer Trennung zwangsläufig eine Welt zusammen.

Die meisten Paare, die ich in den Beratungen kennengelernt habe, sind gewissermaßen »zu sehr verheiratet«. Wenn ich mich zu hundert Prozent über meinen Partner identifiziere, wird der Wunsch nach Selbstständigkeit nicht respektiert, oft nicht einmal gesehen.

Während eines Beratungsgesprächs hat es eine Mutter, die sich von ihrem Mann trennen wollte, einmal so formuliert: »Ich bin bis zur Unkenntlichkeit verheiratet. Ich funktioniere nur noch. Ich wecke die Kinder, schmiere ihre Pausenbrote, bringe die Kinder zur Schule und hole sie wieder ab, koche, richte das Essen her, fahre die Kinder zum Sport- und Klavierunterricht, beaufsichtige ihre Hausaufgaben, empfange meinen Mann, koche wieder, räume auf und bringe schließlich die Kinder ins Bett. Und am nächsten Tag geht alles wieder von vorne los. Mich selbst gibt es gar nicht mehr, das ist furchtbar!«

Ich fragte ihren Mann, der still neben ihr saß, wie es ihm gehe, wenn er das höre. Er antwortete: »Schrecklich! Warum habe ich davor stets die Augen verschlossen?«

»Mir scheint, es geht hier gar nicht um eine Trennung, sondern um ein Burn-out«, sagte ich zur Mutter. »Und natürlich geht es um permanente Grenzüberschreitungen und das Ignorieren Ihrer eigenen Bedürfnisse. Sie haben das zugelassen, weil Sie dachten, Ihr Mann verlangt das von Ihnen. Weil Sie dachten, die Kinder brauchen das. Weil Sie dachten, so macht man das als ›richtige‹ Mutter. Jetzt merken Sie, dass es für Sie falsch und unpassend war. Sie haben Ihre Grenzen ständig verleugnet, und so ist aus den vielen ungesagten kleinen Neins nun das große Nein zu Ihrer Beziehung geworden.« Nach einer langen Pause entgegnete die Frau, dass sie neu nachdenken müsse. Und an ihren Partner gewandt: »Willst du mir dabei helfen?«

Verantwortung, Macht und Wertschätzung

Wenn wir sagen, dass es bei einer Trennung auf das *Wie* ankommt, müssen wir auch die Verantwortung dafür übernehmen, *wie* es mit uns weitergeht. Das können keine Mediatorinnen, keine Rechtsanwältinnen und Therapeutinnen für uns erledigen. Sie können uns zwar Tipps geben, doch letztlich müssen wir selbst eine Lösung für unsere Probleme finden, und diese Lösung kann nur individuell sein. Es gibt kein Patentrezept, nur die wichtige Grundregel, dass wir nichts tun sollten, was uns und unseren Kindern schadet. Wenn ich mit dieser konstruktiven Haltung an die zu treffenden Entscheidungen herangehe, bin ich sozusagen auf der sicheren Seite.

Dennoch verspüren viele Menschen während der Trennungsphase Rachegelüste. Manchmal braucht es diesen Ausgleich, um sich selbst wieder im Spiegel ansehen zu können. Manchmal müssen die Verletzungen, die ich zugelassen habe, auf irgendeine Art wieder ausgeglichen werden. In dieser Hinsicht empfehle ich, immer etwas weniger vom Schlechten zurückzugeben, als ich vom anderen bekommen habe, um den unguten Kreislauf nicht anzufachen, sondern zum Stillstand zu bringen. Es geht vielmehr darum, wieder eine aktive Rolle anzunehmen und zu spüren, dass man selbst etwas verändern kann.

Wenn wir Verantwortung für uns selbst und unseren Anteil für die Trennung übernehmen, werden wir frei für ein neues Leben.

Unsere Beziehungen sind per se auf Dauer angelegt, und so feiern wir sie auch. Viele Hochzeitsfeiern sehen so aus, als würden die nächsten zwanzig Jahre ein einziges rauschendes Fest werden. Doch schon, wenn man am nächsten Morgen mit dickem Kopf erwacht, sieht die Welt ganz anders aus. Es sind unsere Illusionen, die uns auf Dauer zum Verhängnis werden, doch wir können sie entzaubern. Wir können unsere Träume und Illusionen ins praktische Leben überführen und ausprobieren, ob sie lebbar sind – ob sie unserer Lebenswirklichkeit überhaupt entsprechen. Wenn sie das tun, haben sie Bestand, ansonsten sollten wir sie als das sehen, was sie sind: Luftschlösser, Fantasiegebilde.

Unser tatsächliches Leben sieht im Vergleich zu diesen Traumbildern immer schal aus. Doch unsere Idealbilder können wir in Sekunden verändern, den Partner oder unser Leben nicht.

Deshalb rate ich dazu, diesen Fantasieluftballon platzen zu lassen und sich – auch und vor allem in Krisenzeiten – mit dem auseinanderzusetzen, was aus mir und dir geworden ist. Reicht das noch für eine gemeinsame Zukunft? Macht es für dich und mich Sinn, in dieser Partnerschaft zu leben? Wollen wir es gemeinsam schaffen, oder ist es Zeit, getrennte Wege zu gehen?

Dazu gehört auch die Frage nach der Macht in der Familie und wie wir verantwortlich damit umgehen. In früheren Zeiten lag die Macht in der Familie einzig und allein bei der Person, die das Einkommen mit nach Hause brachte. In der Regel war das der Mann, während die Frau sich um Haushalt und Kinder kümmerte. *Wer zahlt, schafft an*, hieß es.

Mittlerweile erlebe ich jedoch, dass viele junge Männer in meinen Seminaren einen neuen und kooperativen Blick auf ihre Familie haben. Überhaupt nimmt die Familie inzwischen meist den ersten Platz auf ihrer Prioritätenliste ein, erst danach kommt die Arbeit. Was nicht bedeutet, dass ihr Beruf ihnen unwichtig ist. Doch diese jungen Männer wollen sich nicht mehr dem Diktat des Berufs unterwerfen.

Eines hat sich aber offenbar kaum geändert. Auch heutige Männer nehmen die Unzufriedenheit der Frauen mit ihrer Beziehung nicht wahr oder nicht ernst. Folglich sind es auch meistens Frauen, die über das Ende der Beziehung entscheiden – einer Studie von Michael Rosenfeld, Soziologieprofessor an der Standford University, zufolge, werden fast siebzig Prozent der Trennungen von Frauen initiiert.[3] Irgendwann sagen diese Frauen: »Okay, jetzt habe ich es hundertmal gesagt, und hundertmal ist nichts passiert. Jetzt sorge ich dafür, dass etwas passiert!«

Dieser Satz bringt das Dilemma der Männer auf den Punkt: *Macht zu haben, bedeutet, nicht lernen zu müssen.* Wenn ich die Definitionsmacht in der Familie habe, wenn ich derjenige bin, der sagt, wo's langgeht, bin ich fein raus. Doch diese Art, Familie zu definieren, prallt heute auf den Widerstand selbstbewusster und gebildeter Frauen. Auch die Kinder spielen heute nicht mehr mit. Die Einzigen, die dieses Spiel noch spielen wollen, sind manche Männer. Und die sind unglücklich und gestresst, weil sie im Schraubstock von Beruf und Familie stecken und sich an einem überkommenen Lebenskonzept abarbeiten. Vor allem Männer in Führungspositionen tun sich immer noch schwer damit, ihre neue Rolle in der Familie zu finden. Ich erlebe verunsicherte Väter, die im Beruf erfolgreich eine persönliche Sprache mit persönlicher Autorität vereinen, zu Hause jedoch nicht wissen, wie sie als Vater liebevolle, elterliche Führung übernehmen sollen.

Auch die Frauen haben natürlich ihren Anteil an der Dysfunktionalität ihrer Beziehungen und Familien. Manche haben den Partner gewählt, der ihnen einst stark, sicher und zuverlässig erschien. Oft war er dem Vater dieser Frauen ähnlich. Nun wird diese Ähnlichkeit zur Belastung für Mutter und Kind.

Die gute Nachricht ist, dass die Zeiten sich ändern und der Aspekt der Gleichwürdigkeit immer mehr Raum in der Gesellschaft einnimmt. Die Erwachsenen begegnen sich und ihren Kindern zunehmend auf Augenhöhe.

Uns allen tut es gut, wenn unsere Leistungen von unseren Kindern und Partnern gesehen und gewürdigt werden. Auch dadurch wächst unser Selbstvertrauen. Wenn mein Partner mit einer Geste oder einem Blick wertschätzt, was ich tue, dann ist das für mich eine Würdigung meiner Person. Doch für eine gute Partnerschaft ist es zu wenig, nur auf das zu schauen, was wir objektiv leisten und zustande bringen. Wir wollen in unserem Sein, in unserer Individualität, gesehen und angenommen werden. Dann finden wir auch selbst die Gelassenheit, uns so zu akzeptieren, wie wir sind.

Es gibt das vielbenutzte Wort vom »Scheitern einer Beziehung«. Doch mit dieser Formulierung wird die Not, in der wir uns befinden, überhaupt nicht gewürdigt. Vielmehr sollten wir uns sagen: Das ist das Beste, was wir zu zweit zustande gebracht haben! Dies als Scheitern zu bezeichnen, halte ich für destruktiv. Es ist ja nicht so, dass wir uns diesen Zustand gewünscht haben. Im Nachhinein hätten wir vieles anders und besser gemacht. Hinzu kommt, dass der Prozess sehr schmerzhaft für uns ist und es niemandem guttut, als »gescheitert« angesehen und bezeichnet zu werden.

Mit dem Konzept des »Scheiterns« hat auch das schlechte Gewissen bei Trennungen zu tun. Viele, die eine Beziehung beenden, haben Schuldgefühle und sehen sich als »Täter«. Dem anderen wird unweigerlich die Rolle des Opfers zugeschrieben, das alles passiv erduldet.

Im Rückblick auf meine eigene Trennung kann ich sagen, dass wir uns diese Rollen glücklicherweise nicht zu eigen gemacht haben. Ich bin der Meinung, dass es uns bei einer Trennung so gut wie möglich gehen sollte und man sagen könnte: »Okay, wir waren jetzt so viele Jahre zusammen, wir empfinden immer noch Liebe füreinander, aber sie ist keine partnerschaftliche Liebe mehr, sondern eine mitmenschliche Liebe. Wir sind für unsere Kinder da und sorgen dafür, dass sie nach wie vor Vater und Mutter haben, aber als Mann und Frau gehen wir getrennte Wege.«

Schuldgefühle und Selbstvorwürfe kann ich bearbeiten, indem ich mich mit meinem Partner austausche, was schriftlich und mündlich geschehen kann. Dabei sollten wir vorwiegend von uns selbst sprechen, also mehr »Ich« als »Du« sagen. Wir können uns dafür entschuldigen, wenn wir den anderen verletzt haben. Wir können unser Verhältnis zu dieser Partnerschaft klären. Manchmal entstehen auch Schuldgefühle, weil wir die starke Abhängigkeit vom Partner erkennen. In jedem Fall sollten wir uns um Fairness und Respekt bemühen. Dann fällt es auch leichter, mit sich selbst ins Reine zu kommen.

Ich möchte Sie ermutigen, etwas Gutes aus Ihrer Trennung zu machen – sodass es für Sie, für Ihren Partner und für Sie beide als Eltern positiv weitergeht …

Ich finde, wir haben auch die Verpflichtung, gut für uns selbst zu sorgen, weil dies niemand sonst tun kann. Wir müssen für unser eigenes Wohlergehen Sorge tragen und dafür sorgen, dass unsere Beziehung einen würdigen Abschluss findet. Und vielleicht ergibt sich früher oder später die Möglichkeit, wieder miteinander ins Gespräch zu kommen und eine neue Qualität der Beziehung zu entwickeln.

Wenn wir im Zuge einer Trennung vor wichtigen Entscheidungen stehen und uns fragen, ob wie dieses oder jenes tun, ob wir ausziehen oder das gemeinsame Auto verkaufen sollen, dann sollte sich unser Handeln danach richten, ob das, was wir tun, uns stärkt oder schwächt. Uns selbst, unsere Beziehung und unsere Familie. Meistens haben wir in dieser Hinsicht ein untrügliches Gespür und wissen sogleich, was unserer Familie guttut oder ihr schadet.

Zugehörigkeit und Selbstbestimmung

Wir sind emotional – weniger rational und noch weniger moralisch – miteinander verbunden. Wir können uns auf gemeinsame Überzeugungen einigen oder auf ethische Werte verständigen, doch es sind unsere Gefühle, die Paare, Eltern und Kinder tief miteinander verbinden. Die Art und Weise, wie Familien – Herkunftsfamilie und Gegenwartsfamilie – miteinander verbunden sind, kann man sich wie ein Mobile vorstellen. Meistens herrscht zunächst ein großes Durcheinander, wenn diese beiden Mobiles in Einklang gebracht werden sollen, weil in jeder Familie andere Gefühle, Werte und Überzeugungen gelten.

Klar ist, dass bei einem Mobile alle Teile miteinander verbunden sind. Wenn es einer Person in diesem Mobile nicht gut geht, dann bewirkt das etwas bei den anderen. Wenn ein Kind zum Beispiel ernsthaft krank wird, dann sind seine Eltern automatisch für es da, Trennung hin, Trennung her. Dann spielt es keine Rolle, in welcher Situation der Trennung oder Partnerschaft sich die Eltern befinden, denn die Prioritäten sind klar: das Kind zuerst, dann die Auseinandersetzung. So sollte es zumindest sein.

Die emotionale Bindung bleibt auch nach der Trennung erhalten. Und in den Augen der Kinder wird die Ursprungsfamilie in gewisser Weise immer weiter bestehen und heil bleiben. Erst wenn wir uns dieser Tatsache vollkommen bewusst sind, kann der Start in ein neues Leben und der Alltag in neuer Besetzung gelingen. Die Familie wird auch über die Trennung hinaus fortbestehen. Es ist eine Illusion zu glauben, dass es aus ist, wenn man vor die Scheidungsrichterin tritt. Da ist überhaupt nichts aus! Die Beziehung und unsere Sicht darauf arbeiten weiter in unseren Köpfen, und diese Gedanken lassen sich nicht einfach mit einem Trennungsformular kappen.

Die wichtigste Frage ist, wie es uns gelingt, dass es für unsere Kinder und für uns selbst gut weitergeht. Ehe ich weitreichende Entscheidungen treffe, sollte ich mich also stets fragen: Stärkt uns das oder schwächt uns das?

Doch natürlich muss ich manchmal auch Beschlüsse fällen, von denen ich weiß, dass sie unsere Familie belasten, die für mich aber dennoch unumgänglich sind. Wenn ich das Für und

Wider sorgfältig abgewogen habe, kann ich die Entscheidung auch besser vor meinem Partner vertreten, mag dieser auch nicht besonders glücklich über meine Entscheidung sein. Dazu gehört zum Beispiel die Entscheidung, aus beruflichen Gründen in eine andere Stadt zu ziehen. Ich weiß, dass sie meine Kinder belastet, mute sie ihnen aber dennoch zu und versuche, ihnen in anderer Hinsicht Gutes zu tun.

Wenn wir die Energie, die wir für Trennungen mobilisieren, in persönliches Wachstum umleiten und zudem vermeiden, dass wir uns gegenseitig beschädigen, dann wird der Prozess der Trennung eher heilend als zerstörerisch. Und aus eigener Erfahrung kann ich sagen, dass es guttut und entlastet, eines Tages sagen zu können: »Okay, wir hatten ein paar schwierige Jahre, doch sind wir einander verbunden geblieben.« Man hat sich getrennt und kann sich nun in die Augen schauen und zumindest »wie Fremde« miteinander umgehen, wie Jesper Juul es später in diesem Buch so treffend formulieren wird. Natürlich gab es auch Verletzungen und persönliche Enttäuschungen, aber ich muss meinen Exmann oder meine Exfrau ja nicht schlechter behandeln als Fremde – gewissermaßen »zur Strafe«. Das tut niemand von uns gut.

Bis dahin kann es ein langer Weg sein, und so war es auch in meinem Fall. Es war ein schwieriger Prozess, aber wir haben nie aufgegeben oder uns gegenseitig das Leben unnötig schwergemacht.

Auch in Trennungsphasen ist es von fundamentaler Bedeutung, dass beide sich fragen: »Was will ich eigentlich? Was wollen wir? Was können wir tun?« Die Paare, die zu mir in die Beratung kommen, frage ich zunächst: »Was wollen Sie? Wie sind Ihre Wünsche und Vorstellungen?« Oft ist es für beide völlig neu, offen zu hören, was ihr Partner will. Und manchmal ist einer von ihnen völlig überrascht, wenn der andere plötzlich sagt: »Also eigentlich will ich, dass wir diese Krise gemeinsam bewältigen und eine gute Trennung hinbekommen.« Natürlich fällt so ein Satz demjenigen leichter, der die Trennung vorantreibt. Meine erste Frau hat klipp und klar gesagt, dass sie die Trennung nicht will. Jahre später hat sie dann eingeräumt: »Ich habe damals gespürt, dass es vorbei war.«

Das ist ein interessanter Punkt – der mir von vielen bestätigt wurde –, dass der Partner nie völlig ahnungslos ist, wie es wirklich um die Beziehung steht. Oft will man sich dies nur nicht eingestehen oder hat Angst vor den Konsequenzen. Es geht dann nicht darum, einen Konsens herzustellen. Deshalb kommt es ja zur Trennung – weil es in der Partnerschaft nicht möglich ist, auf einen Nenner zu kommen. Es geht darum, die Meinung des anderen zu hören und zu akzeptieren. Differenzen anzuerkennen. Unsere Kommunikation wird oft von Missverständnissen geprägt, zumal in Krisenzeiten. Sender und Empfänger funken sozusagen auf verschiedenen Wellen und reden aneinander vorbei. Deshalb sind in Krisengesprächen unbeteiligte Dritte, Mediatorinnen und Therapeutinnen eine große Hilfe. Sie verhindern, dass ein Gespräch aus dem Ruder läuft, und halten es in konstruktiven Bahnen.

Als Paar getrennt und doch Eltern bleiben

»Eure Kinder sind nicht eure Kinder«, sagte der Maler, Dichter und Philosoph Khalil Gibran.[4] Damit veranschaulicht er sehr schön, dass wir Kinder nicht besitzen, sondern dass in unseren Familien eine Zugehörigkeit untereinander besteht. Unsere Kinder brauchen uns als Leit- und Vorbilder, aber sie gehören uns nicht. Sie brauchen Eltern, die in der Lage sind, mit einer so schwierigen Situation wie der Trennung konstruktiv und verantwortungsbewusst umzugehen. Eltern, die unumwunden zugeben: »Wir schaffen es nicht, weiter zusammenzubleiben, aber wir werden unsere Trennung so gut wie möglich gestalten. Und ihr dürft sicher sein, dass sie nicht auf eure Kosten geht!« Kinder überstehen eine Scheidung unbeschadet, wenn sie viel Zuwendung bekommen und den Kontakt zum Vater und zur Mutter behalten. Die Vorstellung, dass eine Trennung Kinderseelen ruinieren würde, stimmt nur, wenn die Eltern sich gegenseitig anfeinden und einander das Leben zur Hölle machen. Dann bekommen die Kinder Angst vor solchen fundamentalen Ereignissen in der Familie.

Wenn unsere Kinder lernen, dass ihre Eltern in der Lage sind, komplizierte Situationen zu bewältigen, bekommen sie ein hilfreiches Rollenmodell für einen möglichen Umgang mit Katastrophen in ihrem Leben. Das erlebte Wissen, dass man Katastrophen irgendwie meistern und gestalten kann, ist für unsere Kinder von unschätzbarem Wert.

Nachdem meine erste Frau und ich uns darüber im Klaren waren, dass eine Trennung unumgänglich ist, haben wir gemeinsam mit unseren beiden Kindern gesprochen, die damals fünf und sieben Jahre alt waren. Wir haben zu ihnen gesagt: »Papa und Mama küssen sich nicht mehr, und der Papa nimmt sich eine Wohnung.« Das war für uns damals eine passende und altersgerechte Formulierung. Wir haben den Kindern versichert, dass sie an unserer Trennung nicht schuld sind und dass wir nichts tun werden, was uns beiden (Mama & Papa) und den Kindern schaden wird.

Wir haben beide geweint, als wir es den Kindern gesagt haben. Das war keine Show, sondern uns sind einfach die Tränen gekommen, weil wir beide traurig über das Ende unserer Ehe waren. Trotz allem war es die richtige Entscheidung für uns, deshalb war der Übergang auch nicht dramatisch. Auch mit 25 Jahren Abstand sehe ich das noch so.

In den folgenden vier Jahren habe ich teils in meiner neuen Wohnung und teils im Gästezimmer unseres gemeinsamen Hauses gewohnt. Der Grund dafür war, dass wir zusammen in unserem Haus gearbeitet und unsere Firma weiter betrieben haben. Unsere Kinder haben in dieser Zeit gemerkt, dass unsere Worte keine Lippenbekenntnisse waren, sondern dass wir nach wie vor zueinanderhielten – nicht mehr als Paar, sondern als Eltern. Fast alle Geburtstage und Weihnachtsfeste haben wir seitdem gemeinsam gefeiert und sind einander bis heute freundschaftlich verbunden.

Daraus habe ich gelernt: Wenn Eltern während und nach der Trennung gut miteinander umgehen, entlastet das die Kinder ungemein. Bleiben sich die Expartner hingegen in Hass verbunden, neigen Kinder dazu, dies später nachzuahmen.

Für Kinder ist es sehr wichtig zu wissen, was sich für sie konkret ändert. »Der Papa zieht in eine andere Wohnung, dort gibt es auch einen Platz für euch. In vierzehn Tagen schauen wir sie uns an.« Oder: »Ihr seid abwechselnd zwei Wochen bei mir und zwei Wochen bei der Mama.«

Es ist wichtig, den Kindern konkrete Informationen zu geben. Doch zuvor müssen sich die Eltern darauf einigen, was sie ihren Kindern sagen und wie sie das tun wollen.

Wenn sie sich partout nicht einigen können, ist es das Beste, dies offen anzusprechen: »Die Mama möchte eigentlich, dass es so und so läuft – im Gegensatz zu mir.« Es ist ein Märchen, dass wir immer mit einer Stimme sprechen müssen, was sowohl für intakte Familien als auch für Eltern gilt, die sich trennen wollen. Indem ich sage: »Die Mama will das so, mir wäre es aber anders lieber«, vermittele ich meinen Kindern, dass ich beide Ansichten würdige und als gleichberechtigt betrachte. Später kann man vielleicht sagen: »Jetzt haben wir uns entschieden, es erst mal so und so zu machen.«

Treffen Sie solche Entscheidungen zusammen und teilen Sie diese den Kindern auch gemeinsam mit. Versuchen Sie keinen anderen Weg – alles andere funktioniert nicht. Das ist einer der Punkte, in dem beide zusammenhalten müssen in der Trennung.

Sagen Sie Ihren Kindern unbedingt, dass sie nicht an der Trennung schuld sind. Kinder lieben ihre Eltern so sehr, dass sie stets geneigt sind, sich selbst die Schuld zu geben.

Kinder wissen instinktiv, dass sie beide Eltern brauchen.

Daher müssen diese ihnen stets vermitteln, dass sie auch weiterhin für sie da sein werden. Vielleicht anders als zuvor, doch sie werden für sie da sein – jederzeit.

Übernehmen Sie ruhig die Führung in der getrennten Familie. Es gehört dazu, dass man sich als Mutter oder Vater immer wieder unbeliebt bei seinen Kindern macht. Kinder wollen Eltern, die ihren Job machen – und Trennung ist der Job der Eltern.

Es geht immer dann schief, wenn Eltern ihre Kinder benutzen. Wenn die Kinder vom Partner zurückkommen, fragen Sie sie nicht aus, was genau der andere getan hat. Bewerten Sie Expartner nicht: »Ach, der hat schon wieder das und das gekocht. Naja, mehr kann er halt nicht.«

Die Kinder solidarisieren sich automatisch mit der Person, die gerade angegriffen wird. Das tut niemandem gut! Wenn Sie das vermeiden, behalten Sie die Führung. Wenn Sie Ihren Expartner vor den Kindern kritisieren oder beschuldigen, verlieren Sie die Führung. Wenn Sie Ihren Expartner kritisieren wollen, sagen Sie es ihm selbst oder schreiben Sie es ihm – alles ist besser, als diese Kritik vor den Kindern zu äußern.

Für Kinder ist es nicht wichtig, ob die Eltern zusammenleben; es ist wichtig, wie sie miteinander umgehen. Schließlich dienen wir ihnen als Rollenmodelle, und sie lieben uns so sehr, dass sie uns kopieren. Leider kopieren sie uns ebenfalls, wenn wir uns nicht gerade vorbildlich verhalten. Auch aus diesem Grund ist es wichtig, sich über die Art und Weise unserer Trennung ein paar Gedanken zu machen.

Hilfreiche Fragen für konkrete Denk- und Lösungsansätze

Mit der Beantwortung der folgenden Fragen kann ich meinen Zustand von verschiedenen Seiten aus betrachten und damit beginnen, Lösungsmöglichkeiten zu finden.

1. Wann ist der jetzige Zustand eingetreten?
2. Was haben ich und andere in dieser Zeit durchgemacht?
3. Was mache ich gut in meinem Leben?
4. Was könnte ich tun, um das Gute zu stärken und zu vermehren?
5. Woran würde ich merken, dass diese Situation gelöst ist?
6. Woran würde mein Partner merken, dass diese Situation gelöst ist?
7. Woran würden andere Beteiligte merken, dass die Situation gelöst ist?

Jetzt mal andersherum: Verschlimmerungsfragen sollen mir zeigen, was ich tun müsste, damit sich nichts ändert:

8. Was müsste ich tun, um diesen unguten Zustand noch eine Weile aufrechtzuerhalten?
9. Wofür könnte es gut sein, diesen unguten Zustand noch eine Weile aufrechtzuerhalten?
10. Was würde sich verschlechtern, wenn dieser ungute Zustand nicht mehr da wäre?
11. Wie lange will ich diesen unguten Zustand noch mit mir herumschleppen? Warum wäre es noch zu früh zum Handeln?

Trennung oder Scheidung?

von Jesper Juul

Oft beginnt es mit Gedankenspielen, dass wir »eine Auszeit« brauchen, oder mit dem Gefühl, unsere »Freiheit« verloren zu haben. Vielleicht beginnt es mit einer Affäre oder macht sich als deutlicher Rückgang im sexuellen Zusammenspiel bemerkbar. Vielleicht ist das Signal nur eine allgemeine Mattigkeit, ständige kleine Streitereien oder zunehmende Scheidungsfantasien.

Falls die Beziehung seit sechs bis 13 Jahren besteht, handelt es sich vermutlich um die erste »Sieben-Jahre-Krise«. Diese Krise ist von vitaler Bedeutung für die Beziehung und tritt im Großen und Ganzen in allen Familien auf. Der Zeitpunkt variiert. Vor ein, zwei Generationen, als der Wille zu offenen Konflikten wenig ausgeprägt war, wurde sie oft so lange hinausgeschoben, dass sie bei manchen erst zur Silbernen Hochzeit ausbrach.

Im Laufe der letzten zwanzig Jahre ist die Anzahl der Scheidungen während dieser Periode dramatisch angestiegen, ohne dass die Krise an sich ihren Charakter verändert hat. Aber sie ist immer eine schwere Krise, der man ins Auge blicken muss;

und es ist weiterhin schwierig, sie so zu bearbeiten, dass sowohl das Verhältnis als auch die beiden Hauptpersonen gestärkt daraus hervorgehen. Im Folgenden will ich vor allem die wichtigsten Elemente dieser Krise beschreiben, die oft notwendigerweise zu einer Trennung der beiden Individuen, aber nicht zwangsläufig zu einer Scheidung im juristischen Sinn führen muss.

Zusammengehörigkeit und Trennung

Wenn wir Menschen ein näheres emotionales Verhältnis zu einem anderen Menschen eingehen, schwanken unsere Wünsche und das Bedürfnis nach Nähe zwischen zwei Polen: Zusammengehörigkeit und Trennung.

Wenn das Bedürfnis nach Zusammengehörigkeit erfüllt bzw. gesättigt ist, wächst automatisch das Bedürfnis nach Trennung, und wenn dieses befriedigt ist, meldet sich erneut das Bedürfnis nach Zusammengehörigkeit. In einer Familie gibt es mehrere Faktoren, die diese widerstreitenden Bedürfnisse daran hindern, einen organischen Rhythmus zu finden. Zum einen verhalten sich unsere Wünsche und Bedürfnisse nur selten synchron zueinander, entstehen also selten zur gleichen Zeit und können somit nicht gleichzeitig befriedigt werden. Hinzu kommt, dass Arbeit, Kinder, Freunde etc. ihren Tribut fordern und einen vielfältigen Einfluss auf uns ausüben.

In den ersten Jahren einer Beziehung sind die wesentlichen Triebkräfte »Hormone und Neugierde«, wie Walter Kempler es mir gegenüber einmal etwas sardonisch ausgedrückt hat.

Lassen diese Triebkräfte nach, kommt es zur ersten wichtigen Krise, die vor allem zeigen soll, ob wir nicht nur verliebt sein, sondern den anderen auch lieben können.

Diese erste Krise scheint in allen Liebesbeziehungen unumgänglich zu sein. Nichts deutet darauf hin, dass das Alter oder frühere Erfahrungen eine vorbeugende Rolle spielen – wenngleich beide Faktoren eine Bedeutung für die Qualität haben können, mit der die Krise bearbeitet wird. Paradoxerweise entsteht die Krise *aufgrund* der Liebe und nicht ihr *zum Trotz*. Dies geschieht, weil wir in den ersten Jahren dazu neigen, unsere Zusammengehörigkeit (Einzigartigkeit, Einigkeit, Symbiose) im Übermaß zu betonen.

Man könnte auch sagen, dass wir zunächst unsere individuelle Integrität vernachlässigen – zur vermeintlichen Stärkung der Paarbeziehung. Wenn der geliebte Partner nach Hause kommt und vorschlägt: »Wollen wir heute Abend ins Kino gehen?«, dann willigen wir sofort ein, weil uns die Gemeinschaft wichtiger ist als alles andere. Wir fragen uns nicht, ob es etwas anderes gibt, auf das wir mehr Lust haben. Wir interessieren uns kaum dafür, welchen Film wir sehen werden, und insgesamt ist die Anziehungskraft des Zusammenseins stärker als der Drang zur individuellen Entfaltung. Außerdem geben wir uns größte Mühe, so viel Einigkeit wie möglich herzustellen in Bezug auf Geschmack, Farben und Wohnungseinrichtung, Kleidung, Musik, Politik, Kindererziehung, Eltern (und Schwiegereltern).

Das Bedürfnis nach Gleichklang und Harmonie ist wahrscheinlich universell und lässt sich aus rationalen Gründen nur schwerlich abschwächen.

Manche Paare versuchen diesem Problem von Beginn an vorzubeugen, indem sie eigene Freunde treffen und verschiedene Freizeitinteressen pflegen, vielleicht sogar eine weitere sexuelle Beziehung zulassen und auf diese Weise versuchen, ein paar Normen im Paarverhältnis zu etablieren, die dem Bedürfnis nach Abgrenzung entgegenkommen. Doch auch diese Paare geraten in eine Krise, weil sie irgendwann spüren, nie »richtig« gebunden oder verheiratet gewesen zu sein, und über den Mangel an Nähe und Zusammengehörigkeit frustriert sind.

Zu Beginn dieser ersten Sieben-Jahre-Krise entsteht oft die Krankheit, die man auch »Rücksichtnahme-Entzündung« nennen könnte. Was nicht bedeutet, dass etwas falsch daran ist, auf die Wünsche und Bedürfnisse des anderen Rücksicht zu nehmen. Wir nennen sie Rücksichtnahme-Entzündung, wenn die Rücksichtnahme quasi automatisch und nicht mehr freiwillig geschieht.

Das Frühstadium dieser Krankheit beginnt bereits im ersten Jahr der Beziehung, indem wir täglich viele kleine, unschuldige Kompromisse eingehen, entweder unsere eigenen Wünsche und Bedürfnisse nicht mehr reflektieren oder sie aus Rücksicht auf die Ruhe und Harmonie in der Gemeinschaft hintanstellen.

Wenige Jahre später geht diese unschuldige und liebevolle Flexibilität in eine Phase über, in der wir Schuldgefühle austauschen. Insgeheim denken wir: »Jetzt hat sie dreimal am Tag Ja zu meinen Wünschen gesagt, also muss ich wohl auch Ja zu ihren sagen, obwohl ich eigentlich am liebsten Nein sagen würde.«

Wir beginnen »Rabattmarken« zu sammeln, von denen wir

in unserer Frustration und Naivität erwarten, sie an dem Tag einlösen zu können, an dem wir vom anderen ein halbherziges Ja brauchen. Doch wie die meisten von uns feststellen, geht dieser Tauschhandel nur selten gut. »Nun habe ich mich schon so oft mit deinen geistesschwachen Freunden getroffen, und du machst das nicht einmal«, lautet unsere frustrierte Beschwerde, weil der andere das Kleingedruckte im Vertrag anders deutet als wir selbst.

Die Krise

Natürlich wäre es übertrieben zu behaupten, dass ausnahmslos alle Paare in dieser Krise landen. In seltenen Fällen gibt es welche, die so viel Selbstgefühl haben, dass Ungleichgewicht frühzeitig wahrgenommen und ausgeglichen wird. Es gibt auch Paare, die die Krise unbewusst vor sich herschieben. Sie bemerken die Frustration, wenden sich aber lieber der materiellen Welt und konkreten Projekten zu. Oft versuchen sie es mit verschiedenen Lösungsmodellen, verlassen ihre Wohngemeinschaft und ziehen aufs Land, beginnen mit einer Ausbildung oder suchen sich einen neuen Job, bauen ein Boot, nehmen sich eine(n) Geliebte(n), stürzen sich in die Arbeit etc. Für diese Paare verschmilzt die erste Sieben-Jahre-Krise meist mit der zweiten Sieben-Jahre-Krise, die auch als mittlere Lebenskrise bezeichnet wird.

In der Krise sind wir oft geneigt, den anderen als Hemmschuh zu empfinden, als jemanden, der uns einengt und unsere freie Entfaltung verhindert oder der sich neuen Situation verschließt. Wäre der andere nur anders, dann wäre das ganze Leben leichter, denken wir. Oder wir erleben den anderen plötzlich als kühl, langweilig oder allzu bequem. Dabei sind wir es meistens selbst, die sich ändern müssen, wenn die Situation befriedigender werden soll.

Wenn wir zunehmend an eine mögliche Trennung, Auszeit oder Affäre denken, ist es an der Zeit, den psychologischen Trennungsprozess einzuleiten, der das Einzige ist, was auf lange Sicht Besserung verspricht. Wir sollten uns auf uns selbst besinnen, auf ein »Ich« anstelle des »Wir«, und uns folgende Fragen stellen: Was will ich wirklich? Was liegt mir am Herzen? Worauf habe ich keine Lust? Was davon ist verhandelbar und was nicht? Für manche mag dieser Vorschlag ein wenig bedrohlich klingen, als solle man sich plötzlich zum Egoisten entwickeln, aber darum geht es nicht.

Es geht darum, eine gesündere Balance zwischen dem »Ich« und dem »Wir« zu schaffen. Erst wenn wir uns Rechenschaft darüber ablegen, was **du** *willst und was* **ich** *will, wissen wir, was* **wir** *wollen.*

Es gibt ein paar praktische Dinge, die man tun kann, um sich selbst und dem anderen unversehrt durch die Krise zu helfen. Man sollte sich beispielsweise um konstruktive Formulierungen bemühen, statt dem anderen implizite Vorwürfe zu machen. »Ich würde gerne mit dir eine Runde im Wald spazieren gehen«, anstelle von: »Ich halte es nicht aus, ständig nur vor der Glotze zu sitzen.«

Die erste Aussage führt der Paarbeziehung Energie zu, die zweite Aussage raubt ihr Energie. Falls der Partner auf die Einladung zum Waldspaziergang zögerlich oder verhalten reagiert, kann man gern sagen: »Es ist in Ordnung, wenn du nicht willst. Vielleicht gibt es etwas anderes, worauf du mehr Lust hast.« Es mag paradox klingen, dem anderen auf die Sprünge zu helfen, was seine oder ihre Wünsche angeht, doch auf längere Sicht ist das eine gute Investition.

Die meisten von uns tun sich schwer damit, von ganzem Herzen Ja zu etwas oder jemandem zu sagen, wenn wir uns nicht frei fühlen, auch Nein sagen zu dürfen. Manche von uns sind in Familien aufgewachsen, in denen es als frech, trotzig, egoistisch oder lieblos galt, zu seinen Eltern Nein zu sagen. Deshalb haben sie weniger Angst davor, sich selbst zu verlieren als den anderen. Doch auf lange Sicht verlieren wir sowohl uns selbst als auch den anderen, wenn wir uns von der Angst steuern lassen, abgewiesen zu werden.

Sie können auch getrennte Listen mit wichtigen Themen in Ihrem Leben anlegen (Kindererziehung, Religion, Haushalt, Ökonomie, Wohnung u. ä.) und auf der Liste des Partners jeweils die Themen ankreuzen, bei denen Sie Ihrer Meinung nach Einigkeit erzielen sollten. So werden einem unterschiedliche Schwerpunkte bewusst. Und die Erfahrung lehrt, dass in einer Beziehung vor allem darüber Einigkeit bestehen sollte, dass man verschieden ist.

Bei näherer Betrachtung verlieben wir uns oft aufgrund unserer Verschiedenartigkeit ineinander. Die Sieben-Jahre-Krise gibt uns die Möglichkeit, diese Verschiedenartigkeit wiederzuentdecken und zu begreifen, dass aus eins plus eins nicht drei werden kann. Die Krise stellt sich dann ein, wenn die Gleichung eins plus eins ist gleich eineinhalb lautet – wenn die Beziehung uns unseres Selbst beraubt, anstatt uns zu bereichern.

Kinder und Trennung

von Jesper Juul

Uns fehlt immer noch eine gute Scheidungs- oder Trennungskultur. Zwar haben sich nicht nur in meinem Heimatland Dänemark die Mitglieder meiner Generation quasi am laufenden Band getrennt, sodass dies für Kinder also keine soziale Katastrophe mehr darstellt, weil es so viele andere gab und gibt, die ihr Schicksal teilen. Dennoch treibt Eltern, die eine Trennung in Erwägung ziehen, natürlich auch heute noch die Sorge um, wie sich dies auf ihre Kinder auswirkt.

Die Gefühle der Kinder sind berechtigt und erlaubt

Die Kehrseite davon, dass Trennungen heute quasi jedem passieren können, besteht darin, dass dadurch viele Kinder den Eindruck gewinnen, so eine Trennung sei das reinste Kinderspiel und würde niemandem Schmerz zufügen. Und wenn sie dann selbst einen existenziellen Schmerz verspüren, müssen sie sich zwangsläufig fragen, ob etwas mit ihnen nicht in Ordnung ist, da sie ja scheinbar anders sind als die anderen. Oft genug fehlen in dieser Zeit auch die Freundinnen und Freunde als Gesprächspartner. Die Eltern stehen sowieso nicht zur Verfügung, weil sie in der Trennungsphase vollkommen egozentrisch sind.

Hinzu kommt, dass die Kinder mit den Eltern kooperieren, und mindestens fünfzig Prozent der Kinder versuchen, so leise und diskret wie möglich zu sein. Aus diesem Grund plädiere ich dafür, in den Schulen Gruppen für Scheidungskinder ins Leben zu rufen. Denn das böte ihnen die Möglichkeit, mit neutralen Erwachsenen zu reden. Und das brauchen viele.

Wir reden oft darüber, dass es keine glücklichen Scheidungen gibt, was vermutlich insofern richtig ist, dass mindestens einer von beiden Partnern ziemlich unglücklich ist. Ich wurde mit dem Thema Scheidung zum ersten Mal konfrontiert, als ich dreieinhalb Jahre alt war. Mein Vater war nach Hause gekommen und hat meiner Mutter gesagt, dass er sich scheiden lassen wolle. Ich habe das durch die geschlossene Tür gehört.

Leider hat er es nicht getan. Meine Mutter hat ihn zwei Monate lang bearbeitet und ihn immer wieder ermahnt, er solle an die Kinder denken, was ihn unglücklicherweise von der Trennung abgehalten hat. Für ihn bedeutete das ein langes Leben, das er so nicht führen wollte. Und uns Kindern haben die beiden damit auch keinen Gefallen getan.

Oft wird behauptet, die Leute würden sich heute ziemlich schnell und ohne große Komplikationen trennen, doch ich glaube nicht, dass das wahr ist. Die meisten von uns haben heute mehrere dauerhafte Partnerschaften und entscheiden sich irgendwann, zusammenzubleiben, zu heiraten oder eine Familie zu gründen. Aber ich habe noch nie eine Familie mit

Kindern erlebt, die sich einfach mir nichts, dir nichts getrennt hätte. Dies ist nach wie vor eine sehr schwierige und folgenreiche Entscheidung.

Seinem Partner mitzuteilen, dass man sich trennen möchte, ist schwer genug, aber es den gemeinsamen Kindern mitzuteilen, ist noch viel schwieriger.

Bei meiner ersten Trennung war mein Sohn siebzehn Jahre alt. Wir haben ein paar Stunden darüber geredet, und er schien ein bisschen traurig zu sein. Dann ist er in sein Zimmer gegangen, worauf wir plötzlich einen Riesenknall gehört haben, weil er die Faust und seinen ganzen Arm durch die Zimmertür gestoßen hatte. Daraufhin habe ich ihn gefragt: »Können wir das auch in Textform haben?« Er war sehr erregt und hat geantwortet: »Ihr beide habt Glück, dass das nicht passiert ist, als ich sieben Jahre alt war.« Was er damit sagen wollte, liegt auf der Hand: Für einen Siebzehnjährigen ist so eine Trennung traurig, für einen Siebenjährigen aber eine Katastrophe.

Was passiert bei einer Trennung, und wie können wir damit umgehen? Seit einiger Zeit besteht die Tendenz, Kinder von allen Schwierigkeiten verschonen zu wollen. Das Leben darf nicht mehr weh tun. Unter den Bäumen muss eine fünfzig Zentimeter dicke Gummimatte liegen, falls die Kinder herunterfallen.

Es ist furchtbar, wenn das Leben nicht mehr weh tun darf – und wenn die Kinder ihre wahren Gefühle nicht mehr zum Ausdruck bringen dürfen.

Ein bisschen Trauer gestehen wir ihnen natürlich zu. Ein bisschen Wut auch, aber bitte nicht auf mich, sondern nur auf den anderen, der geht. Vor diesem Hintergrund wird die gesamte Trennung natürlich immer schwieriger – auch für die Kinder. Denn vor ihren Gedanken und Gefühlen sowie vor der Einsamkeit, die fast immer mit einer Trennung einhergeht, kann man sie nicht bewahren. Diejenigen Eltern, die es trotzdem und mit großer Vehemenz versuchen, machen alles nur noch schlimmer.

Wann wir uns trennen und wie wir uns trennen

Wenn wir den Anfang des Prozesses betrachten, dann verläuft die Entwicklung der Erwachsenen meist alles andere als synchron. Erst im Nachhinein wird vielen Menschen klar, dass eine innere Loslösung schon Jahre vor der realen Trennung eingesetzt hatte. Und in diesem Zeitraum haben die Kinder gemerkt, dass irgendetwas nicht mehr funktioniert beziehungsweise nicht so ist, wie es sein sollte. Meistens wissen sie jedoch nicht, was los ist, und fragen ihre Eltern nur in seltenen Fällen geradeheraus, ob sie sich trennen wollen. In der Regel bleiben die Kinder mit ihren Erlebnissen, mit ihren Gedanken und Gefühlen allein.

Wenn man sich schließlich zur Trennung entschlossen hat, dann sollte man den Kindern gegenüber klarmachen, dass es eine gemeinsame Entscheidung ist, ganz gleich, wer den Anstoß zur Trennung gegeben hat.

Was jedoch nicht heißt, aus seinem Herzen eine Mördergrube machen zu müssen. Wer beispielsweise der Meinung ist, dass man vor seinen Kindern nicht weinen darf, der vermittelt ihnen, dass auch sie nicht weinen dürfen, weil eine Trennung der Tränen nicht wert sei. Und das ist eine sehr destruktive Botschaft für Kinder, besonders in einer Zeit, in der sie ihre eigenen Tränen gewissermaßen wirklich brauchen.

Es gibt tatsächlich Ratgeber, die empfehlen, man solle den Kindern sagen: »Wir trennen uns und wir sind glücklich über diese Entscheidung!« Aber das ist wirklich furchtbar, auch für die Kinder!

Eine Trennung bietet manchen Menschen die erste ernste Gelegenheit, endlich erwachsen zu werden. Und dazu gehört auch der Mut, sich zu öffnen und verwundbar zu sein – besonders gegenüber den Kindern.

Natürlich ist es von Bedeutung, wie alt die Kinder sind. Meiner Erfahrung nach macht die Tatsache, dass die Eltern plötzlich nicht mehr in einem Bett schlafen oder dass der Vater woanders wohnt, auf bis zu einem Jahr alte Babys oft keinen großen Eindruck. Die erleben meistens keinen Verlust, sondern sind allenfalls neugierig, warum jetzt diese Veränderung geschieht.

Für die allermeisten Kinder zwischen eins und dreizehn hat die Trennung ihrer Eltern traumatische Züge – selbst dann, wenn die Ehe furchtbar war und die Trennung auch eine Erleichterung ist. Bei Jugendlichen löst sie zwar auch Trauer aus, oft ist das jedoch verbunden mit einem Stoßseufzer: »Puh, das wurde aber auch Zeit! Jetzt kann ich vielleicht wieder meinen Vater und meine Mutter genießen, denn das war jetzt schon seit Jahren unmöglich.«

Ich habe schon oft erlebt, dass Eltern nach mehreren Beratungsgesprächen zu der Entscheidung gelangen, dass sie sich trennen müssen. Und ich kann mich noch gut an einen fünfzehnjähriger Jungen erinnern, der daraufhin ganz leise geweint hat. Ich habe ihn gefragt: »Was denkst du?«, und er hat geantwortet: »Man sollte eigentlich verbieten, dass sich Eltern mit Kindern unter fünfzig trennen.«

Mit diesem Satz hat er vermutlich für neunzig Prozent der Kinder dieser Welt gesprochen. Und es gibt natürlich auch Kinder über zwanzig, bei denen die Trennung ihrer Eltern eine emotionale Katastrophe auslöst – aber auch für sie ist diese bittere Erfahrung eine gute Möglichkeit, um persönlich zu wachsen. Das Leiden wegen einer Trennung ist ja nicht mehr und nicht weniger als das Leiden, das das Leben eben mit sich bringt.

Was brauchen unsere Kinder?

Manche Eltern wollen ihre Kinder vor allem trösten und ihnen vermitteln, dass alles nicht so schlimm sei oder »wieder gut« werde. Ich glaube, dass man damit sehr vorsichtig sein sollte. Die Eltern sollten zumindest glaubwürdig sein, zumal ja oft einer von ihnen deprimiert ist und keine Zukunft mehr sieht, während der andere erleichtert, vielleicht gar euphorisch ist. Das erzählt Kindern natürlich auch eine Geschichte.

Kinder trauern nicht wie Erwachsene, wie die meisten von uns wissen. Zumindest kommt ihre Trauer anders zum Ausdruck. Kinder trauern drei, vier Minuten lang, dann spielen sie, dann trauern sie wieder, dann essen und schlafen sie, ehe sich die Trauer erneut einstellt. Man könnte also glauben, dass sie schnell darüber hinwegkommen. Aber das tun die meisten Kinder erst nach drei bis vier Jahren. Genauso lange dauert es, bis sie den Tod der Mutter oder des Vaters einigermaßen verarbeitet haben.

Man kann natürlich auch fragen, inwieweit eine Trennung den Kindern »schadet« – was auch so ein postmodernes Wort ist. Es gibt dazu sehr wenige Untersuchungen. Im Rahmen einer Stockholmer Studie wurden Hunderte von Eltern therapeutisch begleitet, bis ihre Kinder über vierzig waren. Was vor allem folgende Erkenntnis mit sich brachte:

Wenn die Eltern zumindest so unverfänglich und anständig »wie Fremde« miteinander umgehen, dann schadet die Trennung den Kindern nicht. Sie ist emotional fordernd, sie ist traurig, aber sie schadet nicht.

Nach meinem Verständnis schadet man einem Kind, wenn man etwas tut oder unterlässt, das ihm seine Lebensfreude und Energie raubt. Mehr als alles andere brauchen unsere Kinder also die Erfahrung, dass ihre Eltern im Prozess der Trennung anständig und fair miteinander umgehen. Wenn man das nicht schafft, sollte man besser gar nicht miteinander umgehen.

Trennungen machen Kinder sehr einsam. Und diese Einsamkeit ihrer Kinder mit anzusehen, ist für Eltern etwas Furchtbares. Denn instinktiv wollen wir alle unsere Kinder vor Einsamkeit bewahren. Aber sie sind einsam, und wir können daran nichts ändern. Wir können mit ihnen gemeinsame

Zeit verbringen, damit sie jemanden an ihrer Seite wissen, doch lindern können wir die Einsamkeit nicht.

Diese existenzielle Einsamkeit rührt daher, dass ihre Sicherheit verloren gegangen ist, sie sich hilflos fühlen und niemand ihre Bedürfnisse und Sehnsüchte teilt. Mit ihrem Wunsch nach Beständigkeit und Harmonie in der Beziehung ihrer Eltern stehen sie ganz allein.

Es ist enorm wichtig, dass man die Einsamkeit der Kinder respektiert und nicht glaubt, sie ihnen abnehmen zu können.

Auch hat es keinen Zweck, sie wie ein Therapeut zu ihrer Einsamkeit zu befragen. Hingegen ist es eine gute Idee, mit ihnen über die eigene Befindlichkeit zu reden, ihnen zu offenbaren, wie schwer man selbst an der Situation trägt: »Jetzt war ich vierzehn Tage lang unglücklich und deprimiert, habe mich nicht konzentrieren und nicht arbeiten können, doch nun geht es mir endlich ein wenig besser.« Meistens beginnen die Kinder in diesem Moment von sich selbst zu erzählen, wie es ihnen selbst geht. Diese kleine Selbstoffenbarung des Elternteils ist sehr wichtig, weil die Kinder dadurch lernen, wie man mit Trauer, Schmerz und Verlust umgeht. Und man verschont sie mit der Botschaft: »Hoffentlich tut es dir nicht weh.« Denn mit dieser Botschaft kooperieren viel zu viele Kinder, indem sie ihren Schmerz unterdrücken.

Eine Kollegin von mir hat im Rahmen ihrer Masterarbeit fünfundzwanzig weibliche Teenager zwischen vierzehn und achtzehn Jahren befragt, die vor dem neunten Lebensjahr die Trennung ihrer Eltern erlebt haben. Eigentlich hatte sie für jedes Interview etwa zwei Stunden veranschlagt, doch jedes Interview hat zwei bis drei Tage gedauert!

»Darüber habe ich bisher noch nie gesprochen, weil es einfach keine Möglichkeit gab«, hieß es oft. »Meiner Mutter konnte ich es nicht sagen, weil sie sowieso schon so unglücklich war. Meinem Vater konnte ich es nicht sagen, weil der sich verliebt hatte. Meiner kleinen Schwester konnte ich es nicht sagen, weil sie auch so unglücklich war … Ich war immer allein mit dieser Geschichte!«

Wir müssen uns eingestehen, dass unsere Entscheidung das Leben unserer Kinder für ein paar Jahre enorm traurig und nahezu unmöglich macht – dafür sind wir verantwortlich und damit müssen wir leben können. Auch dürfen wir unsere Kinder nicht zu Objekten machen, indem wir beispielsweise sagen: »Du kannst mit einer Psychologin reden.« Oder: »Hier hast du eine Tablette.« Oder: »Willst du nicht endlich zum Ballett gehen?«

Auf der anderen Seite sollten wir einen gewissen Abstand zu unseren Kindern halten, ihnen Raum zum Atmen lassen. Kinder fragen, wenn sie etwas wissen wollen – das ist wie mit der Sexualität oder allem Grundsätzlichen im Leben.

»Warum hast du dich eigentlich von meiner Mutter getrennt?«, hat mein Sohn mit etwa siebenunddreißig gefragt, zwanzig Jahre nach der Trennung. Und als ich es ihm erzählt habe, entgegnete er: »Das habe ich nicht gewusst.«

Inzwischen ist er nicht mehr so schockiert darüber, dass die Antworten, die er von mir und seiner Mutter bekommt, sehr unterschiedlich sind. Aber jetzt ist er auch selbst verheiratet und sieht das Ganze aus einer anderen Perspektive.

Kinder sind hoffnungslos romantisch. Eine Ehe kann noch so schlecht und noch so destruktiv gewesen sein, aber die Kinder hören nicht auf, zu hoffen, dass ihre Eltern gemeinsam glücklich werden und wieder zusammenleben wollen.

Und die Kinder tun alles Mögliche, um das zu erreichen. Manche machen es sich sehr schwer und denken: *Wenn meine Eltern sehen, wie ich leide, dann müssen sie für mich wieder zusammenkommen.* Andere machen sich fast unsichtbar und denken: *Ich will meinen Eltern nicht im Weg stehen.*

Verantwortung

Verantwortung ist ein komplexer Begriff, der viele Facetten hat. Für manche bietet die Trennung vom Partner die erste wirkliche Gelegenheit, Verantwortung für sich selbst und das eigene Leben zu übernehmen. Es ist eine Chance, die wir nutzen sollten. Denn nun muss ich mich entscheiden: Stelle ich mich dieser Verantwortung, oder definiere ich mich als Opfer einer anderen Person, zum Beispiel meines Expartners.

Seltsamerweise lassen wir es schon kleinen Kindern nicht durchgehen, wenn sie sich so verhalten, als trügen sie selbst überhaupt keine Verantwortung. Wenn Zweijährige sich im Sandkasten gegenseitig mit Sand bewerfen, sagen wir ihnen, sie sollen damit aufhören. In der Regel verteidigen sich die Kinder mit dem Hinweis, der andere habe damit angefangen, woraufhin wir meist entgegnen: »Es gehören immer zwei dazu.« Doch wenn wir uns trennen, benehmen wir uns oft genauso wie Zweijährige im Sandkasten.

Es ist wichtig, den Kindern die einfache Botschaft zu überbringen: »Deine Eltern lieben sich nicht mehr und wollen nicht mehr zusammenleben, aber du kannst uns als Menschen vertrauen.« Man kann diese Botschaft gemeinsam mit dem Partner oder jeder für sich vermitteln. Und ganz gleich, wie alt die Kinder auch sind, sollte man sich stets darum bemühen, alle ihre Fragen so offen und ehrlich zu beantworten wie nur möglich.

Siebenjährige fragen oft: »Hast du eine andere Frau getroffen?« Und wenn man in diesem Punkt nicht die Wahrheit sagt, hat man in den nächsten vier, fünf, sechs Jahren sehr viel damit zu tun, das verlorene Vertrauen wieder aufzubauen.

Natürlich kann es einem Vater auch passieren, dass seine Tochter angesichts dieses Bekenntnisses ausruft: »Ich hasse dich! Ich will dich nie mehr sehen!«, und leidenschaftlich ihre Mutter verteidigt. Aber daran ist nichts zu ändern. So ein Gefühlsausbruch kann auch zwei, drei Monate später stattfinden, aber er lässt sich nicht vermeiden.

Man muss sich und seine Kinder mit der Wahrheit konfrontieren – anders geht es nicht.

Grundsätzlich kann man sich entscheiden, ob man das Zusammenleben und die Elternschaft als einen Teil der persönlichen Entwicklung betrachten will oder nicht. Dasselbe gilt für Trennung. Seit Beginn meiner Arbeit als Psychotherapeut habe ich die Frauen stets gebeten, genau zuzuhören, wenn ihr neuer Partner ihnen eine Liebeserklärung macht. Falls diese ungefähr so lautet: »Du bist so wunderbar, weil du mir alles gibst, was ich von meiner Ex-Frau nie bekommen habe«, dann ist es an der Zeit, die Beine in die Hand zu nehmen und das Weite zu suchen. Denn diese Aussage bedeutet, dass er noch ein »Baby« ist.

Wahrscheinlich sollte ich hinzufügen, dass es unsere europäische Kultur Männern ja auch ermöglicht hat, sich – bis zum Tod – wie Kinder zu benehmen. Auf die Frage, wie viele Kinder sie haben, antworten deren Frauen häufig: »Zwei … naja, eigentlich drei«, womit eigentlich alles gesagt ist. Was natürlich auch bedeutet, dass diese Frauen während des Zusammenlebens ein paar Fehler gemacht haben.

Inzwischen gibt es eine neue Generation von Vätern, die sich eigenständig definieren und ein ganz anderes Rollenverständnis haben – was dafür sorgen dürfte, dass nicht nur das Zusammenleben, sondern auch die Trennungen konstruktiver ablaufen. Jedenfalls mag ich die Hoffnung daran nicht aufgeben.

Wie Kinder reagieren

Kinder sind sehr verschieden. Manche Kinder wirken plötzlich drei, vier Jahre jünger, als sie tatsächlich sind. Sie klammern sich an ihre Eltern, wollen Dinge, die unvereinbar sind. Sie sind hungrig, wollen aber nichts essen. Sie sind durstig, wollen aber nichts trinken. In einem Moment wollen sie in den Kindergarten, im nächsten nicht. Andere Kinder isolieren sich und werden fast unsichtbar.

Ab diesem Zeitpunkt braucht die Familie quasi ein neues Zimmer, braucht mehr Raum für die Gefühle, die ihre Kinder in den nächsten Jahren haben werden. Die Grundgefühle der Kinder sind immer dieselben – Trauer, Angst und Wut. Die Angst verfliegt hoffentlich rasch, Trauer und Wut bleiben dennoch erhalten.

Es gibt ein paar Mythen und ein paar furchtbare Geschichten, besonders über Väter. Wie kann ein Vater zum Beispiel sagen, dass er seine Kinder nicht mehr sehen will? Viele Väter meiner Generation haben das getan – auch gebildete, intelligente Männer haben sich so entschieden: »Der Schmerz, mein Kind loszulassen, ist so groß«, sagten sie, »dass ich damit erst einmal fertig werden muss.«

Ich vermute, dass es in Deutschland maximal dreißig Prozent der Väter wirklich geschafft haben, eine Bindung zu ihren Kindern aufzubauen. Viele Väter fühlen sich auch ein wenig hilflos, wenn sie mit ihren Kindern allein sind. Was macht man mit einer Vierjährigen, wenn der Zoobesuch vorbei, wenn Eis und Pizza aufgegessen sind, wenn es regnet und noch vierzehn Stunden gemeinsamer Zeit mit dem Kind vor einem liegen?

Die Hilflosigkeit war natürlich schon immer da, doch plötzlich wird sie zu einem akuten Problem. In diesem Moment kann man die Verantwortung übernehmen, sich eingestehen, dass man sich mit seinem eigenen Kind manchmal wie ein Fremder fühlt, und sich vornehmen, daran etwas zu ändern.

Oder man kann seiner Frau die Schuld an der Situation geben, kann ihr vorwerfen, das Kind stets an sich gerissen und dem Vater kaum eine Chance gegeben zu haben, ein nahes Verhältnis zu seiner Tochter aufzubauen.

Ich habe einmal folgenden Brief von einer Mutter bekommen: »Wir haben uns vor drei Jahren getrennt, da waren die Kinder vier und sechs Jahre alt, und wir haben immer in der Nähe voneinander gewohnt. Jetzt hat mein Ex-Mann sich entschieden, wegen der Arbeit in eine andere Stadt zu ziehen, die sechshundert Kilometer entfernt ist. Wie kann er so etwas tun, wenn er sagt, dass er seine Kinder liebt?«

Die kurze Antwort lautet folgendermaßen: »Er lügt nicht, aber er ist ein Mann, und er liebt seine Kinder nicht auf dieselbe Art wie eine Frau. Das heißt nicht, dass er sie weniger liebt, sondern nur, dass er sie anders liebt. Und spätestens jetzt entdecken die Kinder, dass sie eine Mutter und einen Vater haben – nicht zwei Mütter – was doch eigentlich ausgezeichnet ist.«

Und vergessen Sie nie: Kinder fühlen sich immer schuldig. Man kann fünfhundert Mal sagen: »Ihr seid nicht schuld«, und man sollte es auch fünfhundert Mal sagen. Dennoch fühlen sie sich schuldig. Die Kinder sind sich ganz sicher: *Wäre ich ein besseres Kind gewesen, würden meine Eltern sich nicht trennen.* Ich glaube, den Grund dafür weiß niemand wirklich. Doch eine Ursache besteht natürlich darin, dass sich Kinder von Anfang an für ihre Eltern verantwortlich fühlen. Wenn es den Eltern schlecht geht – nicht nur wegen ihrer Beziehung, sondern auch wegen anderer Dinge –, fühlen die Kinder sich schuldig. *Wäre ich ein besseres Kind, wäre das nicht passiert*, denken sie. Und natürlich ist es schwierig, ein Kind davon zu überzeugen, dass es keine Schuld trägt, wenn es Abend für Abend mit anhören musste, wie seine Eltern sich seinetwegen gestritten haben.

Mit Kindern reden – über sich selbst reden

Es gibt einen alten Spruch: Wenn Jura und Psychologie aufeinandertreffen, verliert die Psychologie. Was bei Trennungen stets der Fall ist. Wir haben Gesetze, ab welchem Alter man Kinder fragen soll, bei welchem Elternteil sie leben möchten. Aber das sind nur Gesetze – auf der psychologischen Ebene macht das überhaupt keinen Sinn! Man sollte Kinder natürlich danach fragen, sobald es möglich ist. Das bedeutet jedoch nicht, ihnen die Entscheidung zu überlassen.

Versuchen Sie es einfach mit Ehrlichkeit, wie unbeholfen sich diese auch anhören mag: »Wir wissen nicht, wie wir uns einigen sollen. Ich will eigentlich jeden Tag mit dir zusammen sein. Deine Mutter will dasselbe. Deshalb streiten wir gerade so viel. Aber was denkst du? Was möchtest du gern?«

Ich glaube, es ist sehr wichtig, dass die Kinder dies äußern dürfen und auch ernst genommen werden. Unter Umständen muss man später zu ihnen sagen: »Jetzt ist die Entscheidung so gefallen. Ich weiß, dass es nicht das ist, was du dir gewünscht hast, aber so ist es leider. Zu einer anderen Lösung sind deine Eltern gerade nicht in der Lage.«

Wenn die Eltern getrennte Wohnungen haben, passiert es oft, dass die Tochter am Freitagabend zu ihrem Vater kommt und eigentlich das ganze Wochenende bleiben soll, am Samstag beim Mittagessen jedoch ganz geknickt sagt: »Ich will zu Mama.«

Und der arme Vater sitzt da und weiß nicht, was er tun soll, weil er sein Kind ja nicht unglücklich machen will. Natürlich will er auch seine Ex-Frau nicht anrufen müssen, um ihr mitzuteilen, dass seine Tochter nicht bei ihm bleiben möchte. Oft endet es damit, dass er zu seiner Tochter sagt: »Ja, wenn es so wichtig ist und du deine Mutter wirklich so vermisst, dann kann ich sie fragen, ob sie Zeit hat. Oder frag du sie lieber selbst.« Und die meisten Mütter haben immer Zeit, sodass die Kinder dann gleich zu ihnen zurückkehren.

Dabei wäre es wichtig, dass sich der Vater – oder auch die Mutter, denn es passiert auch umgekehrt – mit dem Kind hinsetzt und sagt: »Hör mal, du bist meine Tochter, und ich will mit dir zwei, drei Wochenenden im Monat zusammen sein. Du kannst das lieben oder hassen, aber so ist es eben.« Und ich habe hundert Mal gesehen und gehört, wie die armen Kinder sich dann wirklich entspannen und erleichtert sagen: »Okay! Dann bleibe ich. Das ist okay.«

Manchmal müssen sich Eltern positionieren, um dadurch wieder vertrauenswürdig zu werden.

Wenn Sie nicht wissen, wie Sie das machen sollen, empfehle ich Ihnen, sich Hilfe oder Begleitung zu holen. Die Frage, was denn das Beste für Ihr Kind wäre, hilft in so einer Situation nicht weiter. Und wenn Eltern darüber reden, sind sie komplett unglaubwürdig. Denn jeder hat eine eigene Theorie dazu, und diese beiden Theorien sind in der Regel unvereinbar.

Viel besser ist es, wenn beide Eltern artikulieren, was für sie selbst das Beste wäre. Danach können beide darüber reden, was möglich ist und was nicht.

Wer wohnt wann wo?

Inzwischen haben sich die Erwachsenen ja diese Halbe-halbe-Lösung ausgedacht, auch paritätisches Wechselmodell genannt, aber das Ziel dieser Lösung ist nicht, die Kinder froh zu machen. Das Modell dient dazu, jede Menge Krieg zu vermeiden – eine Art Standardkompromiss für die Erwachsenen. Es macht das Leben für Erwachsene einfacher, aber es ist nicht für Kinder gedacht.

Schauen wir uns näher an, was mit einem dieser Kinder passiert: Ein neunjähriger Junge pendelt zwischen beiden Elternhäusern hin und her, die über hundert Kilometer voneinander entfernt liegen. Natürlich geht der Junge auf zwei verschiedene Schulen, weil seine Eltern so weit voneinander entfernt wohnen. Und es geht ihm nicht gut in der Schule, er kann sich nicht konzentrieren, kann sich nicht an das Erlernte erinnern. Ich habe den Jungen getroffen, und es war ihm deutlich anzumerken, dass er sich gewissermaßen selbst verloren hatte auf der Reise. Das habe ich den Eltern gesagt, die daraufhin etwas geändert haben, und innerhalb von drei Wochen konnte er sich wieder konzentrieren und seine Lernschwierigkeiten überwinden. Dieser Jungen hatte das Glück, dass seine Eltern das Problem bemerkt und sich Hilfe gesucht haben – doch es gibt viele Kinder, die mit ihren Problemen alleingelassen werden.

Ich bin mir sicher, dass viele verhaltensauffällige Kinder und Jugendliche äußerst schwierige Trennungen und Scheidungen durchleben mussten und an einer Art posttraumatischen Stresssyndroms leiden. Und ich sage nicht, dass die Halbehalbe-Regelung per se untauglich ist.

Ich stelle nur fest, dass die Halbe-halbe-Regelung – ebenso wie die Ganztagsbetreuung – für die Erwachsenen und nicht für die Kinder da ist.

Wenn es im Einzelfall auch für die Kinder passt, dann ist das wunderbar! Aber so ist es nicht immer. Und die übrigen Kinder sollten unsere volle Aufmerksamkeit haben.

Eine der Ursachen, warum Eltern ihren Kindern in dieser wichtigen Phase nicht zur Verfügung stehen, besteht darin, dass wir uns allzu sehr mit der Zukunft beschäftigen: Wie komme ich finanziell über die Runden? Wo soll ich wohnen? Wie werden die Menschen in meinem Umfeld reagieren, wenn ich meine geheime Liebe öffentlich mache?

Es ist eine Tatsache, dass viele Eltern nur ungern mit ihren Kindern über die Gegenwart reden. Lieber stellen sie die Zukunft in rosigen Farben dar: »In der neuen Wohnung wirst du ein großes Kinderzimmer haben, mit direktem Blick auf den Wald …« Man redet also immer über die Zukunft. In der Paarbeziehung ist es oft genauso. Wir sind gestresst, wir arbeiten zu viel, aber in ein paar Jahren, so reden wir uns ein, wird alles großartig sein. Dann werden wir es geschafft haben.

Wir sollten uns mehr um die Gegenwart kümmern, als über die Zukunft nachzudenken.

Auf einer Veranstaltung in Schweden bin ich einmal von einer Mutter angesprochen worden, die folgendes »Problem« hatte: »Unser Sohn ist dreieinhalb«, erklärte sie, »und er isst für sein Leben gern! Außerdem liebt er es, wenn wir alle gemeinsam am Tisch sitzen, was schon mal eine Dreiviertelstunde dauern kann, weil er einfach kein Ende findet. Aber so viel Zeit haben wir nicht, was sollen wir also tun?«

Weil die Frau Humor hatte, schlug ich ihr scherzhaft vor, ihr Kind zu verkaufen. Denn obwohl dies nicht im Handbuch für Kinder stehe, könne es schon mal vorkommen, dass ein Kind eine Dreiviertelstunde am Tag beanspruche. »Stellen Sie sich vor«, fügte ich hinzu, »dass morgen Ihr Mann zu Ihnen kommt und erklärt, er wolle nicht mehr mit Ihnen zusammenleben. Deshalb ziehe er in eine fünfhundert Kilometer entfernte Stadt und wolle Ihr gemeinsames Kind mitnehmen. Hätten Sie dann immer noch dieselbe Sichtweise wie jetzt und keine Dreiviertelstunde am Tag für Ihren Sohn übrig?«

»Oh, mein Gott«, entgegnete sie erschrocken. »So habe ich noch nie darüber nachgedacht. Mich macht es nur wahnsinnig, wenn ich das Gefühl habe, untätig rumzusitzen. Ich muss immer etwas tun, putzen oder E-Mails lesen oder irgendetwas anderes.«

Doch auch deshalb bekommen wir Kinder – um zu lernen, wie man sich entspannt. Wenn Eltern von der Überforderung sprechen, Kinder zu haben, frage ich nach: »Wie viele haben Sie denn?«, oft antworten sie: »Ja, eins.«

Die norwegische Regierung ist meiner Meinung nach zu weit gegangen, als sie festgelegt hat, dass die Eltern nicht weiter als hundert Kilometer voneinander entfernt wohnen dürfen. Wenn ein Vater weiter wegziehen möchte, muss er dafür die Erlaubnis der Mutter einholen. Für die Kinder ist dies zunächst zweifellos sehr angenehm und gut, aber stellen Sie sich vor, dass Ihnen Ihr Vater zehn Jahre später erklärt, ihm sei damals der Job seines Lebens durch die Lappen gegangen! Mit so einer enormen Verantwortung möchte man auch im Nachhinein nicht konfrontiert werden, denke ich.

Natürlich ist vieles oft schwieriger zu gestalten, wenn die Eltern weit voneinander entfernt wohnen, auch die gemeinsamen Familienfeste. Dennoch gibt es Familien, die noch Jahre nach der Trennung zusammen Weihnachten feiern oder in Urlaub fahren. Aber es sind nicht viele, und den neuen Partnern wird dadurch sehr viel zugemutet.

Schlimm ist es, wenn die Eltern auf das gemeinsame Wochenende mit den Kindern bestehen, obwohl der Expartner womöglich zu einem Familienfest eingeladen ist. Im Zweifelsfall müssen wir Fachleute dann mit ihnen darüber reden und sagen:

Das gemeinsame Wochenende
gehört den Kindern
und nicht den Eltern.

Ich weiß nicht, ob das ein Trost ist, aber man sollte sich hin und wieder in Erinnerung rufen, dass das Leben Gott sei Dank meist sehr viel länger dauert als die Kindheit. Und manche Kinder haben ja wirklich eine schreckliche Kindheit, weil sich ihre Eltern so unmöglich benehmen. Manchmal sind die Kinder erst viel später in der Lage, ihren Vater folgendermaßen anzusprechen: »Hör mal, Papa, du Idiot, was war eigentlich damals los mit dir?«

Es gibt viele Eltern – Mütter wie Väter –, die unglaublich dumme Dinge tun, wenn sie mit ihren Kindern zusammen sind, und dafür gibt es auch keine Rechtfertigung.

Leben nach der Trennung

Wann und wie sollte man die Kinder mit dem neuen Partner bekannt machen? Wenn es nach den Kindern ginge, dann sollten wir zehn bis fünfzehn Jahre damit warten, mindestens. Manche Kinder sind der Meinung, man solle das nie tun. Doch muss ich meinen Kindern ja in irgendeiner Form die Wahrheit sagen, wenn ich mich von ihrer Mutter trenne, weil ich in eine andere Frau verliebt bin.

Ich muss mein Kind beobachten und herauszufinden versuchen, wann der richtige Zeitpunkt gekommen ist, um meine Freundin vorzustellen. Ein Kind, das älter als zwei Jahre alt ist, wird sich zwangsläufig fragen, ob es nun mit dieser Frau zusammenleben soll und sie seine neue Mutter ist. Und das ist viel zu früh! Man sollte eigentlich drei Jahre lang damit warten. Viele schaffen das nicht, und manche zahlen dafür einen hohen Preis.

Ich spreche mit vielen Vätern, die sich darüber beklagen, dass ihre neunjährige Tochter die neue Freundin hasst. Dann frage ich sie: »Wie lange sind Sie jetzt von der Mutter Ihrer Tochter getrennt?«, und manche antworten: »Ach, schon seit acht Monaten.« Dann muss ich ihnen klarmachen, dass acht Monate in den Augen ihrer Tochter gar nichts sind. Dass sie ihrer Tochter kaum einmal richtig zur Verfügung stehen, weil sie ja immer noch verliebt sind:

»Ihre Tochter kann Sie nicht teilen. Sie braucht Ihre volle Aufmerksamkeit. Sie muss sich vergewissern, dass Sie ihr Leid wirklich sehen. Sie muss spüren, dass Sie eine neue Beziehung zueinander aufbauen. Wenn das geschehen ist, kann sie sich Ihrer neuen Freundin gegenüber vielleicht ein wenig öffnen. Vielleicht wird eines Tages sogar eine Freundschaft daraus werden, wer weiß. Doch zuerst müssen Sie sich um Ihre Tochter kümmern.«

»Aber es kann doch nicht das Richtige sein«, wenden manche Männer ein, »dass mein Kind entscheidet, ob ich eine neue Beziehung habe oder nicht.« Womit sie natürlich recht haben. Das sollte man selbst entscheiden. Dennoch sollten sie ihrem Kind bis auf Weiteres vollkommen zur Verfügung stehen. Falls ihnen das nicht gelingt, sollten sie ihrem Kind die Wahrheit sagen: »Es gibt zwei wichtige Frauen in meinem Leben, dich und meine Freundin, und ich will nicht wählen. Ich will mit euch beiden zusammenleben – so ist das eben.«

Getrennte Mütter und Väter erleben oft, dass die Beziehung zu ihrem Kind auf eine entscheidende Probe gestellt wird. Denn jetzt geht es nur noch um sie beide.

Was nun passiert, passiert ausschließlich zwischen Ihnen und Ihrem Kind – niemand sonst ist dafür verantwortlich. Es kann also passieren, dass sich ein vierzehnjähriges Mädchen mit folgenden Worten an ihren Vater wendet: »Ich möchte dir gern etwas Wichtiges sagen. Ich bin jetzt alt genug, dass du, wenn ich bei dir wohne, auch ein eigenes Leben haben kannst. Ich habe jetzt zehn Jahre lang jede zweite Woche bei dir gewohnt, und du gehst nie allein ins Kino. Tennis spielst du nur unter der Woche, wenn ich nicht da bin. Du bist immer für mich da, Papa, doch ehrlich gesagt ist das ein bisschen anstrengend! Ich bin ja nicht vier, sondern vierzehn. Ich brauche dich nicht vierundzwanzig Stunden am Tag. Get a life, please!«

Kinder kommen schlecht damit klar, wenn sie das Gefühl haben, dass ihre Mutter oder ihr Vater ausschließlich für sie leben. Sie brauchen schlicht und einfach Entlastung. Manche Kinder rufen jeden Tag an, sehr oft beim Vater, weil sie wissen, dass es ihm schlecht geht.

Und im Prinzip ist es ja auch wunderbar, wenn ich zu meinem Kind sagen kann, dass ich traurig bin, und mein Kind mich dann trösten möchte. In diesem Moment bin ich authentisch, und mein Kind kann das so annehmen. Vielleicht überfordert es sich selbst, aber das ist etwas ganz anderes, als wenn ich es überfordere.

Sobald ein Vakuum im System entsteht, versucht das Kind oft, es auszufüllen.

Wir Psychologen sprechen in diesem Fall von Überverantwortung, und eigentlich sollten sich Kinder nicht derart verantwortlich für ihre Eltern fühlen, aber es passiert. Wenn man diesen Vorgang zu sehr problematisiert, nimmt man den Kindern die einzige Möglichkeit, sich in dieser Situation wertvoll zu fühlen. Man kann es also auch mal genießen, von seinem Kind getröstet zu werden, und sich dafür bedanken.

Wenn man schlau ist, kann man auch sagen: »Eigentlich solltest du mich nicht so trösten, aber das und das könntest du vielleicht für mich tun.«

Zwei Zuhause

von Jesper Juul

Hirnforscherinnen sagen, dass sich unser Gehirn in den letzten 65000 Jahren nicht nennenswert weiterentwickelt hat – wofür Trennungen vielleicht nicht das schlechteste Beispiel sind. In fünfzehn bis zwanzig Prozent der Fälle wird es schmutzig und primitiv und eigentlich unverantwortlich. Vermutlich werden wir alle in so einer Situation mit Erlebnissen und Gefühlen konfrontiert, die uns nahezu unbekannt sind. Deshalb wissen wir anfangs nicht, wie wir am besten damit umgehen sollen. Wie sollen wir unser Leben nun am besten einrichten?

Realismus und Romantik

Bei der Halbe-halbe-Regelung, bei der die Kinder eine Woche beim Vater und eine Woche bei der Mutter leben, machen sich natürlich alle darüber Gedanken, ob das gut ist für die Kinder. Es gibt auch Familien, die ihr altes Haus oder ihre alte Wohnung behalten, in dem die Eltern dann wechselweise mit den Kindern wohnen, damit diese nicht umziehen müssen. Gott sei Dank sind Kinder ja viel lebens- und anpassungsfähiger als die meisten Erwachsenen, und deshalb kriegen die das sehr oft hin.

Manche Eltern wollen keine verbindliche neue Struktur festlegen, sondern sich stets situativ entscheiden. Aber davor kann ich im Grunde nur warnen. Normalerweise geht das solange gut, bis neue Partner auftauchen.

Es gibt eine gute alte Regel: Man soll immer zwischen Liebe und Geschäft unterscheiden. Und die Vereinbarung, wann sich die Kinder wo aufhalten, die gehört zum Geschäft. Das andere ist die Liebe – wenn es noch Liebe gibt.

Kinder brauchen bei einer Trennung natürlich dasselbe wie immer: Interesse, Zeit, Raum, Empathie. Raum ist jetzt noch wichtiger als vorher. Dazu möchte ich einen Teenager zitieren: »Ich bin jetzt auch anders. Lasst mich in Ruhe mit meinen Schmerzen und meinen Symptomen. Ich versuche nur, zu kooperieren, und ich brauche keine Kompensation.« Das ist wunderbar gesagt, und dem ist auch nichts hinzuzufügen.

Kooperation kostet Energie

Es ist sehr wichtig, dass wir das, was wir in Bezug auf unsere Kinder tun oder unterlassen, als Ausdruck der Liebe verstehen. Ein Kind muss spüren: So liebt mein Vater mich, so liebt meine Mutter mich.

Eltern sollten sich vor allem davor hüten, ihr schlechtes Gewissen zu kompensieren, indem sie ständig beliebt sein wollen. Ebenso wenig sollten sie ihren Kindern all ihre Zeit und Aufmerksamkeit widmen, selbst wenn sie nur wenige gemeinsame Tage im Monat miteinander verbringen. Denn

Trennungskinder brauchen kein künstliches Universum, sondern einen neuen Alltag, in dem sie allmählich Fuß fassen können.

Eine Regelung, die den wechselseitigen Aufenthaltsort der Kinder festlegt, kostet immer viel Energie. Auch hierzu möchte ich das Zitat eines Kindes beisteuern. Ich habe es ein bisschen modifiziert, aber die Aussage bleibt unangetastet: »Ich muss mit euch beiden kooperieren, das heißt, ich muss genau das schaffen, was ihr beide nicht geschafft habt. Und dafür möchte ich, wenn möglich, Unterstützung haben. Und wenn das nicht geht, dann bloß keine Vorwürfe oder etwas Ähnliches!«

Kinder in einer intakten Kernfamilie müssen immer mit ihren Eltern kooperieren, was sie viel Kraft kostet. Sie können sich gewissermaßen keine Auszeiten genehmigen. Das können sie aber, wenn sie an zwei Orten zu Hause sind.

Für Kinder ist das wahrscheinlich der einzige Vorteil bei einer Trennung, dass es jetzt diese wunderbare Möglichkeit gibt. Dann kooperieren sie eine Woche lang mit dem Vater und können erst mal aufatmen, wenn sie zur Mutter kommen. Nach vierundzwanzig oder sechsunddreißig Stunden sind sie wieder im Gleichgewicht. Und ich möchte betonen, dass das notwendig ist. Viele Eltern kennen doch folgenden Vorgang: Sie liefern ihre Kinder für ein Wochenende bei den Schwiegereltern ab, und wenn sie sie wieder abholen, sagen diese: »Es hat alles bestens geklappt. Die Kinder waren so nett und haben alles willig mitgemacht.« Und dann, nach zehn Minuten, bricht im Auto die Hölle los, und die Kinder streiten sich wie die Kesselflicker. Womit sie nichts anderes sagen als: Wir haben so lange kooperiert, dass wir uns jetzt entspannen müssen.

Denken Sie also daran, dass dies alles für die Kinder viel Arbeit ist – ganz gleich, ob sie zwei, drei oder zwölf Jahre alt sind. Sie missachten ihre eigenen Bedürfnisse, ihre Grenzen und Wünsche, um mit ihrem Vater oder ihrer Mutter zu kooperieren. Wir Erwachsenen merken dies nicht, und wir sind auch nicht schuld daran. Aber wir müssen wissen, dass es so ist.

Eltern müssen sich qualifizieren

Vater oder Mutter zu sein, ist kein Recht! Dafür muss man sich täglich qualifizieren. Brauchen Kinder zwei Eltern? Ja, wenn zwei Eltern zur Verfügung stehen, dann möchten Kinder sehr gern beide haben – wenn möglich, vierundzwanzig Stunden am Tag.

Aber es gibt zum Beispiel eine große Anzahl von Vätern, denen es nicht gelungen ist, eine frühe Bindung zu ihren Kindern aufzubauen. Brauchen diese so einen Vater, oder haben sie nur Sehnsucht nach etwas, das sie nicht bekommen können? Die Sehnsucht von Trennungskindern nach ihren abwesenden Vätern ist eigentlich immer da, auch wenn manche mit der Zeit aufgeben und sich sagen: *Okay, dann soll es eben nicht sein.*

Mütter investieren oft zu viel Zeit, zu viel Energie, zu viele Gedanken und zu viele Gefühle, um die Beziehung zwischen den Kindern und dem Vater, der nicht mehr mit ihnen zusammenlebt, zu stärken. Und das ist nicht gut.

Eine Mutter kann nicht dafür sorgen, dass der Vater auch wirklich Vater ist – dafür muss er selbst sorgen.

Aber ich begegne so vielen Müttern, überall in Europa, die sagen: »Ich kann mich zu keinem Seminar und zu keiner Reise anmelden, weil mein Ex-Mann eigentlich dieses Wochenende mit den Kindern verbringen sollte. Aber ich weiß nie, ob er kommt oder nicht. Deshalb muss ich leider zuhause bleiben.«

Doch Frauen sollten das meiner Meinung nach nicht mitmachen. Zum einen, weil diese Einstellung geradezu selbstzerstörerisch ist. Zum anderen, weil sie insbesondere für ihre Töchter ein schlechtes Vorbild abgeben. Und ihren Söhnen signalisieren sie, dass Frauen so eine Art Selbstbedienungsladen sind, die sich zwar hin und wieder beschweren, im Grunde aber alles mitmachen.

Kinder sind sehr sensibel und hören genau das, was man nicht sagt, beziehungsweise das, was zwischen den Zeilen gesagt wird. Ich erinnere mich an einen Achtzehnjährigen, dessen Vater ausgezogen ist, als er zwei Jahre alt war, und danach jeden Kontakt zu seiner Familie abgebrochen hat. Niemand wusste, wo er wohnte. Doch irgendwann hat der Sohn es auf eigene Faust herausgefunden, hat seinen Vater kontaktiert und ihm gesagt, dass er ihn gern besuchen wolle. Der Vater war einverstanden, worauf sie ein gemeinsames Wochenende miteinander verbrachten, das so lala war. Danach erzählte mir der junge Mann, dass er das nie wieder machen werde. »Am letzten Tag«, berichtete er, »haben wir nach dem Mittagessen zusammen abgewaschen, und mein Vater hat aus dem Fenster geschaut und gesagt: ›Wenn du noch mal Lust hättest, bist du willkommen.‹ Da wusste ich, dass er kein Interesse an mir hat.«

Der Vater hat also nicht etwa gesagt: »Jetzt habe ich dich endlich getroffen, mein Gott, bin ich glücklich! Das war damals eine furchtbare Entscheidung! Hättest du vielleicht Lust, bald noch mal zu kommen oder einfach die nächsten zehn Tage hier zu bleiben?« Das wäre eine Einladung, aber nicht dieses: »Wenn du noch mal Lust hättest, bist du willkommen.« Damit kann man sich als Elternteil – als Vater oder Mutter – nicht qualifizieren.

In meinem Beruf war ich natürlich vor allem mit den schwierigen Fällen konfrontiert und nicht mit denen, wo alles glatt läuft.

Es gibt viele Kinder, das können Vierjährige oder Zehnjährige sein, die irgendwann sagen, dass sie ihren Vater oder ihre Mutter nicht mehr besuchen wollen.

Meistens ist es der Vater, weil die Kinder in der Regel noch immer mehr Zeit bei den Müttern als bei den Vätern verbringen. Was soll man in so einer Situation machen? Zunächst ist es enorm wichtig, dass die Mutter einen klaren Kopf behält, statt bloß zu sagen: »Ja, das verstehe ich gut!« Es ist wichtig, dass sie die Gesamtsituation reflektiert, sich auch in die Situation des Vaters hineinversetzt, statt nun eine völlige Symbiose mit dem Kind anzustreben.

Sie könnte sagen: »Es ist auch furchtbar für deinen Vater, und es kann sein, dass es nach dem Gesetz gar nicht möglich ist, ihn nicht mehr zu sehen. Aber ich möchte erst mal wissen, was los ist. Was ist passiert, das dir so unangenehm ist? Du weißt ja, dass ich mit deinem Vater leider nicht reden kann, aber vielleicht finden wir trotzdem einen gemeinsamen Weg.«

»Aber er redet immer so schlecht über dich«, berichten manche Kinder. »Er sagt immer, wie böse du bist, und benutzt Schimpfwörter und so. Und das will ich mir nicht mehr anhören.« Was kann man da als Mutter machen? Nichts – so leid es mir tut. Man kann nichts machen.

Ich habe eine Menge Kinder kennengelernt, deren Väter Psychopathen waren. Einen dieser Väter habe ich über einen Zeitraum von vierzehn Jahren erlebt. Als ihr Kind achtzehn Monate alt war, hat die Mutter gemerkt, dass sie sich mit einem Psychopathen zusammengetan hatte, und sich von ihm getrennt. Daraufhin gab es drei Jahre lang Krieg. Nachdem die Frau mich um Rat gefragt hatte, wollte der Mann mich umbringen, hat eine Nacht lang mit einem Jagdgewehr vor meinem Haus gestanden und so weiter. Das war eine wirklich ernste Situation.

Doch psychopathische Menschen können manchmal sehr einnehmend und charmant sein. Wenn er sich also mit Juristinnen oder Mitarbeiterinnen des Jugendamts getroffen hat, dann waren diese meist hellauf begeistert von dem scheinbar so sympathischen und humorvollen Mann! Vermutlich hielten sie seine Frau für plemplem, dass sie sich von solch einem Prachtkerl getrennt hatte. Und natürlich empfahlen sie, dass der Vater so viel Zeit wie möglich mit seinem Sohn verbringen sollte. Ich habe die Mutter und ihren Sohn routinemäßig viermal im Jahr getroffen, ohne dass sich an der Situation viel geändert hätte. Als der Junge vierzehn Jahre alt war, hat er schließlich zu seinem Vater gesagt: »Jetzt will ich nicht mehr.«

Daraufhin hat sein Vater ihn beschimpft und damit gedroht, sein Fahrrad kaputt zu machen.

So etwas geschieht leider öfter, als wir es wahrhaben wollen.

Kinder wissen, was sie brauchen

Auch wenn noch irgendeine Form der Kommunikation zwischen den Expartnern besteht, ist es meist keine gute Idee, den anderen anzurufen und zu sagen: »Hör mal, ich habe von unserem Sohn gehört, dass du das und das tust. Hör bitte auf damit.« Denn in den seltensten Fällen wird die entspannte Antwort lauten: »Okay, mache ich.« In der Regel entbrennt neuer Streit, und es ändert sich nichts.

Ich habe häufig erlebt, dass Kinder, die bei der Trennung ihrer Eltern zwischen zwei und sechs Jahre alt waren und seitdem bei der Mutter lebten, in der Pubertät sagten: »So, jetzt will ich bei meinem Vater wohnen.« Was keinesfalls bedeutet, dass sie ihre Mutter nun weniger lieben würden. Was die Kinder damit meinen, ist Folgendes: *Alles, was ich von dir brauche, habe ich bekommen, Mama. Jetzt brauche ich etwas anderes, deshalb gehe ich zu meinem Vater.*

Kinder können das nicht immer formulieren, doch instinktiv wissen sie genau, dass sie etwas von beiden brauchen. Und dass es nicht darauf ankommt, ob sie Mädchen oder Jungen sind. Natürlich kommt es bei Mädchen in der Pubertät öfter vor, dass sie zu ihrem Vater ziehen wollen, weil sie mit ihrer Mutter sozusagen einen Dritten Weltkrieg führen und plötzlich eine Riesenangst bekommen: »Oh Gott, ich will bloß nicht so werden wie meine Mutter!« In diesem Stellungskrieg müssen sie um jeden Millimeter kämpfen.

Wenn man als Mädchen beim Vater lebt, hat man es natürlich einfacher, weil man weiß: *Ich werde nie wie mein Vater sein, der ist etwas ganz anderes. Mit dem muss ich überhaupt nicht kämpfen.* Was die Mütter in der Regel ungemein stört, weil sie die Väter für konfliktscheu halten und sich darüber beklagen, nach wie vor die gesamte Verantwortung tragen zu müssen.

Kinder haben oft ein sehr gutes Timing und spüren, was und wen sie gerade brauchen. Und manchmal brauchen sie auch einfach nur Ruhe.

Sinngemäß hat es ein pubertierendes Mädchen ihrer Mutter gegenüber mal so ausgedrückt: »Stimmt schon, Papa ist ein bisschen faul – also im Vergleich zu dir. Wenn ich bei ihm bin, muss ich viel mehr selber machen. Er sorgt nicht jeden Tag dafür, dass meine Sportsachen da sind und so weiter. Aber es gibt auch Vorteile. Ich habe viel mehr Ruhe und kann so viel Computer spielen, wie ich will.«

Für das Mädchen ist es großartig, beide Möglichkeiten zu haben – und für ihre Eltern eine sehr wichtige Botschaft.

Eltern sind für ihre eigenen Entscheidungen verantwortlich

Eltern sollten sich stets eingestehen, den Expartner aus freien Stücken gewählt zu haben, mögen sie ihre Wahl auch später bedauert haben.

Sollte ihr Kind also irgendwann zu ihnen kommen und sagen: »Was hast du dir damals nur dabei gedacht? Warum habe ich so einen Idioten als Vater (oder eine Idiotin als Mutter)?«, dann bleibt uns nur folgende Antwort: »Dafür bin ich leider selbst verantwortlich. Ich war verliebt, und Liebe kann ja bekanntlich blind machen. Jetzt bin ihn (oder sie) Gott sei Dank los. Du musst leider die nächsten fünfzig oder sechzig Jahre mit ihm (oder ihr) leben.«

Dieses Eingeständnis ist sehr wichtig, denn viele Frauen – mitunter auch Männer – beschweren sich über den Expartner und versuchen weiterhin, ihn zu verändern. Sie glauben nach wie vor, gemeinsame Wertvorstellungen haben zu müssen, um ihrem Kind dieselben Grenzen zu setzen. Aber das ist unmöglich. Ich habe noch kein einziges Elternpaar getroffen, ob getrennt oder nicht, das sich immer in allem einig war. Nach ein, zwei Flaschen Wein kann man sich das vielleicht einreden, aber es bleibt eine Täuschung – Gott sei Dank!

Deswegen brauchen Kinder ja zwei Eltern. Wenn beide genau gleich wären, dann bräuchten sie nur den Vater oder die Mutter.

Ich habe eine getrennte Familie kennengelernt, in der großer Streit herrschte, weil der Vater seinem achtjährigen Sohn ein Luftgewehr gekauft hatte. Die Mutter war erklärte Pazifistin und konnte das einfach nicht nachvollziehen. Auch hatte sie nun schreckliche Bilder im Kopf, wie ihr Sohn auf kleine Vögel schießt und dergleichen. Damit, erklärte sie ihrem Sohn, könne sie nicht leben. »Aber du lebst ja noch«, entgegnete der – eine ebenso schlagfertige wie kluge Antwort.

Wir sind verschieden. So ist es, und so muss es sein. Wenn man sich trennt, hat man jedes Recht verloren, sich in das Leben des anderen Menschen einzumischen. Zudem tut es den Kindern weh, wenn man es dennoch versucht.

Was bedeutet Loyalität in diesem Zusammenhang? Es gibt ja viele Eltern, die ihrem Expartner gegenüber nicht loyal sind und ihn ständig kritisieren, auch vor den Kindern, was man definitiv nicht tun sollte.

Aber wie soll man sich verhalten, wenn man nach fünfzehn Jahren zu der Überzeugung gelangt ist, eine komplette Idiotin geheiratet zu haben, die womöglich eine jahrelange Affäre hinter meinem Rücken hatte? Was bedeutete Loyalität in so einem Fall?

Loyalität bedeutet, über sich selbst statt über den Expartner zu reden. Seinem Kind gegenüber kann man nur sagen: »Ich weiß nicht, wie deine Mutter als Mutter ist, weil ich das ja nie erlebt habe. Ich weiß nur, wie sie als Partnerin war, und das war furchtbar für mich.« Das ist nicht illoyal, sondern nur die Wahrheit – unsere Wahrheit. Aber die Wahrheit eines anderen Menschen kennen wir nicht, deshalb sollten wir auch nicht über sie reden.

Falls dennoch permanente Kritik am Expartner geäußert wird, ist dies für Kinder eine große Belastung. Und es ist allzu verständlich, wenn sie irgendwann selbst entscheiden, sich das nicht länger anhören zu wollen.

Eltern haben kein Recht auf ihre Kinder

Manche Eltern glauben, ein natürliches Recht auf ihre Kinder zu haben. Ich erinnere mich an einen 19-jährigen jungen Mann, der meistens bei seiner Mutter wohnte, aber auch oft bei seinem Vater war, weil er das selbst so wollte.

Doch der Vater meinte, immer noch ein Recht auf die gemeinsame Zeit mit seinem Sohn zu besitzen. So kam es hin und wieder zu folgenden Wortwechseln:

Vater: »Ich brauche deine Hilfe, du musst morgen kommen.«

Sohn: »Ich habe keine Zeit, ich muss etwas für die Schule tun.«

Vater: »Also, das bist du mir ja wohl mindestens schuldig!«

Da der junge Mann an Depressionen litt, fühlte er sich dem Ganzen erst recht nicht gewachsen und fragte mich, wie er damit umgehen solle. Da habe ich ihm erklärt, dass man solchen Idioten wie seinem Vater nur mit Humor begegnen kann: »Dein Vater hat jetzt zweitausendmal gesagt: ›So viel bist du mir schuldig.‹ Ruf ihn an und sag: ›Hör mal, ich habe genug von dieser ewigen Schuldgeschichte. Kannst du mir bitte eine Gesamtrechnung schreiben? Dann bezahle ich lieber alles auf einmal.‹« Der depressive Junge hat gelacht und meinen Rat tatsächlich beherzigt, worauf der Vater nie wieder etwas Ähnliches gesagt hat. Doch die ganze Sache hat den Jungen unendlich viel Kraft gekostet.

Wir wissen ja alle, dass wir selbst nicht einfach sind. Es ist niemals einfach, mit jemandem zusammenzuleben. Wir sind alle schwierig, und es tut immer weh – und wenn wir uns lieben, tut es doppelt weh. So ist es auch für unsere Kinder. Man sollte also nicht glauben, dass man Eltern sein kann, ohne seinen Kindern wehzutun.

Neue Partnerinnen und neue Familien

Ich habe weiter vorne gesagt, dass man idealerweise drei Jahre warten sollte, bevor man seinen Kindern seinen neuen Partner vorstellt. Aber so spielt das Leben nicht immer. Manche trennen sich, weil sie verliebt sind. Andere verlieben sich nach der Trennung ganz schnell, wollen gern eine neue Familie gründen und natürlich alles besser machen als beim ersten Versuch.

Was machen wir also, wenn wir in so eine Situation geraten? Wie gehen wir damit gegenüber unseren Kindern um? Wir sollten vor allem vorsichtig sein! Einerseits sollten wir niemanden überfordern, andererseits müssen wir die Wahrheit sagen. Wenn ich verliebt bin, bin ich verliebt. Meine Kinder wissen das quasi von der ersten Sekunde an. Es hat also keinen Zweck, dies verschweigen zu wollen.

Wenn die Kinder darauf drängen, meine Freundin kennenzulernen, könnte man ihnen vielleicht sagen: »Ich bin mir nicht sicher, ob das vielleicht zu früh ist. Ich weiß nur, dass ich sehr, sehr verliebt bin. Aber verliebt ist irgendwie nicht genug, das war ich auch beim letzten Mal. Ich weiß also nicht, was ich jetzt brauche. Aber ich rede mit euch darüber, wenn ich glaube, dass es Zeit ist. Und dann entscheiden wir gemeinsam, was wir tun.«

Kinder freuen sich immer über unser Glück. Sie zeigen das nicht immer – besonders die Jugendlichen nicht –, aber gerade die kleinen Kinder sind so froh: *Mein Vater hat sich verliebt, meine Mutter hat sich verliebt, das ist wunderbar! Ich liebe es, wenn mein Vater oder meine Mutter glücklich sind.*

Dennoch muss ein Kind erst mal seinen Verlust verarbeiten, und das braucht Zeit. Zumal Kinder nicht nur mit ihren Eltern kooperieren, sondern auch mit den Menschen, die ihre Eltern lieben.

Was zu ambivalenten Gefühlen führt: *Was soll ich denken? Wie soll ich mich verhalten? Mag ich diese Person?* Wenn der Vater sich bei seinen Kindern erkundigt: »Jetzt habt ihr also diese neue Frau kennengelernt? Und, was denkt ihr? Sie ist doch nett, oder?«, und die Kinder ein wenig zögerlich reagieren: »Ja, nett ist sie schon …«, dann weiß der Vater, dass er dem Ganzen noch mehr Zeit geben muss.

Ich habe einmal einen Brief von einem 16-jährigen Jungen aus Norwegen bekommen, der die Überschrift trug: *Wie lange muss man mitmachen?* Der Junge schrieb: »Ich habe eine kleine Schwester, und wir waren fünf und drei, als meine Eltern sich getrennt haben. Die ersten fünf Jahre habe ich zusammen mit meiner Schwester bei meiner Mutter gelebt, dann bin ich zu meinem Vater gezogen, was eigentlich wunderbar gelaufen ist. Dann hat mein Vater eine neue Frau kennengelernt. Die beiden haben geheiratet und ein Kind bekommen. Und ich liebe diese kleine Schwester, ich erlebe sie wirklich zu hundert Prozent als meine eigene Schwester. Wir haben eine tolle Beziehung. Jetzt, elf Jahre nach der Trennung, hat meine Mutter einen Mann getroffen und sich verliebt. Der Mann hat drei Kinder, die vierzehn, fünfzehn und achtzehn sind. Für mich ist alles so unüberschaubar geworden, und ich frage mich, wieviel ich noch investieren muss, um die alle näher kennenzulernen.«

Das ist ein großartiges Beispiel für die Situation vieler Trennungskinder: Plötzlich erscheinen fremde Leute auf der Bildfläche, und die Kinder sollen sich anpassen.

Die Kinder hinterfragen das in der Regel gar nicht, sondern tun ihr Bestes, um sich auf die neue Situation einzustellen. Ich habe dem Jungen deshalb Folgendes geraten: »Schlag deiner Mutter und ihrem Freund doch vor, dass sie das nächste Wochenende bitte woanders verbringen sollen. Dann rufst du die anderen Kinder an, und ihr trefft euch alle bei dir, um gemeinsam zu entscheiden, was ihr wollt. Und wenn ihr zu einem Ergebnis gekommen seid, können die Erwachsenen wieder nach Hause kommen und sich anhören, was ihr für Vorstellungen habt.«

Für den Jungen und auch für seine Mutter war das eine schöne Idee, auf die sie selbst nie gekommen wären. Die ganze Geschichte wurde von einer Zeitung veröffentlicht, woraufhin ich viele böse E-Mails von Erwachsenen bekommen habe, die meinten, man könne Kindern doch nicht derart die Verantwortung übertragen. Mein Güte, waren die Leute sauer auf mich. Die hatten bestimmt viele Erziehungsratgeber gelesen, in denen stand, dass die Eltern ihrer Eigenverantwortung stets gerecht werden müssten.

Dabei fand ich das Anliegen des Jungen vollkommen verständlich: Hier stehe ich, ich habe eine kleine Schwester, dann bekomme ich noch eine, und jetzt soll ich noch drei weitere Geschwister bekommen! Aber ich muss auch für die Schule lernen und würde meine Energie lieber darauf verwenden, eine Freundin zu finden. Wann ist genug genug?

Bei dem Jungen ist es wunderbar gelaufen, weil die anderen Kinder gesagt haben: »Wir haben das Gleiche gedacht. Wir treffen uns einfach manchmal in der Stadt, es ist viel besser, wenn die Alten nicht dabei sind. Und dann essen wir eine Pizza oder was auch immer. Und dann entdecken wir langsam, ob es Möglichkeiten für Freundschaften gibt oder ob wir nur Bekannte sind. Und ob wir auch Geschwister sein wollen oder nur so Plastik-Geschwister, wie man im Norden sagt – oder wie das neue Wort heißt: Bonusgeschwister.«

Es ist sehr wichtig, dass wir den Kindern diesen Raum geben.

Verantwortung und Autonomie der Kinder

Über Verantwortung lässt sich Folgendes sagen: Wenn Eltern sich häufig streiten, ist das für Kinder nie angenehm, noch dazu, wenn die Eltern es auf unreife und unverantwortliche Weise tun. Etwa die Hälfte aller Kinder reagiert bewusst kindlich darauf. Die andere Hälfte sagt sich weitgehend unbewusst: Okay, jetzt bin ich allein. Ab heute bin ich für mich selbst verantwortlich. Das heißt, dass ihr mich nicht mehr wie ein Kind behandeln könnt.

Ein fünfjähriger italienischer Junge hat einmal etwas Wunderbares zu seiner Mutter gesagt, als seine Eltern sich getrennt haben: »Weißt du, Mama«, hat er gesagt, »jetzt bin ich der König in meinem eigenen Leben. Du kannst mir nichts mehr sagen.« Und die Mutter hat genau verstanden, was er damit meinte. Die beiden hatten ein sehr enges Verhältnis.

Manche werden jetzt vielleicht einwenden, dass das für die Beziehung von Mutter und Sohn doch furchtbar ist. Doch tatsächlich ist es wunderbar für Kinder, diese Autonomie zu bekommen und zu behalten. Denn in unserer Kultur unterbinden wir die Autonomie unserer Kinder ja konsequent – wenn möglich, bis sie vierzig sind.

Außerdem schadet es nicht, einen realistischen Blick auf seine Eltern zu haben und sich zu sagen: »Meine Eltern benehmen sich wie Kinder, es gibt keine Führung. Ich habe kein Vertrauen. Ich liebe meine Eltern, aber sie haben sich mit ihrem Verhalten selbst disqualifiziert.«

Hat man sich erst mal gründlich disqualifiziert, ist dies nicht wieder rückgängig zu machen, denn die Kinder durchlaufen unbewusst eine existenzielle Veränderung. Und eines Tages haben sie plötzlich Worte dafür.

Es gibt ja auch Eltern, die Trauer, Hass, Alkoholismus oder psychischen Krankheiten vollkommen hilflos ausgeliefert sind. In solchen Fällen sind die Kinder bei einer Trennung wirklich gefragt, weil sie plötzlich Eltern ihrer eigenen Eltern sein müssen. Dagegen kann man nichts tun. Man kann versuchen, die Kinder zu entlasten und diese Rolle anzuerkennen. Aber man sollte nicht versuchen, sie zu relativieren. Sie haben ja keine bewusste Wahl getroffen, und die Systemtheorie besagt, dass Kinder dazu neigen, ein Vakuum innerhalb des Systems auszufüllen.

Welche Rolle kann der neue Partner spielen?

Ein neuer Partner sollte sich stets seiner Rolle in der Familie bewusst sein. Was in erster Linie heißt, dass er die Kinder, die nicht seine eigenen sind, auch nicht erziehen kann. Erziehung ist Manipulation, und Kinder erlauben diese Manipulation ihrer Eltern nur, weil sie wissen: Meine Eltern lieben mich, und ich liebe meine Eltern – deshalb ist es okay. Die Manipulation durch Fremde lehnen sie rundheraus ab.

Wenn die Bonuseltern Glück haben, fassen die Kinder ihres Partners nach vier bis fünf Jahren so viel Vertrauen, dass sie sich ihnen öffnen und eine persönliche Beziehung eingehen, doch so lange dauert es fast immer.

Frauen, die in ihrer früheren Beziehung das Gefühl hatten, dass alles an ihnen hängen blieb, fordern vom neuen Partner zuweilen, sich aktiv an der Kindererziehung zu beteiligen, aber das geht meistens schief.

Und die Kinder sagen es in aller Deutlichkeit: »Du bist nicht mein Vater! Ich habe schon einen Vater!« Man stößt immer an ihre Grenzen, was im Grunde ein Riesengeschenk für die Erwachsenen ist, weil sie dadurch die Möglichkeit erhalten, als Mensch mit den Kindern zusammenzuleben, ohne eine bestimmte Rolle ausfüllen zu müssen.

Was das heißt, möchte ich mit einem Beispiel erklären: Ich sitze mit meiner Partnerin und ihrem zweieinhalbjährigen Sohn an einem Tisch, und der Junge wirft mit dem Essen um sich. Da seine Mutter nichts sagt (was mich ein wenig irritiert), muss ich das wohl übernehmen, denke ich. Ich könnte mich jetzt als Vater aufspielen und etwas »Erzieherisches« sagen, worauf mir das Kind vermutlich die Zunge rausstrecken würde. Wie kann ich es also als Mensch, nicht als Vater, formulieren? Wie redet eigentlich ein ganz normaler Mensch mit seinen Kindern? Das haben ja viele vergessen, weil sie vollkommen in ihrer Elternrolle befangen sind.

Da die Botschaft *Hier bin ich – wer bist du?* den Grundstein aller Kommunikation beschreibt, würde ich persönlich wahrscheinlich sagen: »Hör auf damit, ich will das nicht.«

Erzieherische Sprache hört sich hingegen meist so an: »Hör mal, kannst du damit aufhören? So kann man ja nicht essen, das ist doch unmöglich!« Und darauf zur Mutter: »Sag mal, hast du dein Kind wirklich so erzogen, ist das wirklich erlaubt bei euch?« Dann läuft diese ganze »Erwachsenenmaschine«, die wir unglücklicherweise Erziehung nennen.

Dieses Thema hat einen weiteren wunderbaren Aspekt: Man entdeckt endlich, dass das meiste von dem, was wir unter Erziehung verstehen, überhaupt nicht erzieht. Es macht keinen Eindruck auf Kinder, und wenn doch, dann einen schlechten.

Erziehung findet zwischen den Zeilen statt, weil das Kind registriert, wie wir miteinander reden, mit dem Postboten, mit unseren Nachbarinnen, mit unserer Ursprungsfamilie und so weiter.

Was können die Kinder meiner Partnerin also von mir lernen? Sie können zum Beispiel lernen, wie man als Erwachsene in einer Beziehung leben und zusammenleben kann, was doch eine großartige Erfahrung ist. Erwachsene fühlen sich oft nur von Wert für die Kinder, wenn sie die Erzieherrolle übernehmen. Aber Kinder machen da Gott sei Dank nicht mit, und die Weltliteratur ist ja voller Beispiele von Stiefvätern und Stiefmüttern, die das oben Beschriebene mit viel Gewalt und vielen Kränkungen getan haben.

Was ebenfalls wichtig ist: Man braucht als neuer Partner auch Zeit, die man allein mit dem Kind des Partners verbringt – ob das nun angenehm ist oder nicht. Dabei spielt es keine Rolle, ob das Kind eineinhalb oder 16 Jahre alt ist. Man muss manchmal mit ihm allein sein. Der Erwachsene weiß dann oft nicht, was er sagen soll, aber das weiß das Kind auch nicht. Man geht ein bisschen spazieren oder isst eine Pizza zusammen oder was auch immer. Man muss nur vermitteln: *Ich möchte dich gern kennenlernen – wenn du es mir erlaubst.*

Und viel besser, als neugierige Fragen zu stellen, ist es, von sich selbst zu erzählen, von der eigenen Geschichte, vielleicht den eigenen Eltern und Geschwistern. Von seinen Hoffnungen und Ängsten. Man kann auch bekennen, dass man nervös vor diesem Treffen war, weil man keine eigenen Kinder und in solchen Dingen gar kein Training hat.

Es gibt viele verschiedene Möglichkeiten. Entscheidend ist, dass man die Wahrheit sagt. Und wenn man das macht – ein- oder zweimal in den ersten Monaten reichen völlig aus –, dann hat man einen Riesenschritt getan. Vor allem mit Teenagern kann es passieren, dass diese keine erkennbare Reaktion zeigen. Die haben die ganze Zeit diesen gelangweilten Gesichtsausdruck, der nur eines heißt: *Können wir jetzt gehen?* Das ist für den Erwachsenen fast unerträglich – danach muss man mindestens ein, zwei Bier trinken –, aber es lohnt sich!

Noch einmal: Die Kinder mit Fragen zu löchern, ist keine gute Idee! Ich habe so viele Kinder nach dem neuen Freund ihrer Mutter oder der neuen Freundin ihres Vaters gefragt: »Wie ist sie denn so?«

»Anstrengend! Nervig!«, heißt es dann oft. »Die strengt sich immer so an, will immerzu freundlich sein und hat so ein aufgesetztes Lächeln. Und ständig diese Fragen: ›Wie war's in der Schule? Hast du viele Hausaufgaben auf?‹ Also eigentlich genau wie meine Eltern, aber sie ist ja nicht meine Mutter.«

Andere Kinder erzählen: »Er sagt nicht viel, aber das ist eigentlich sehr angenehm. Die meisten Erwachsenen glauben, dass man immer etwas sagen oder machen muss, wenn man mit Kindern zusammen ist. Das macht er nicht ... ich mag ihn eigentlich.« Das ist eine schöne Aussage. Vertrauen muss man sich allmählich verdienen.

Patchwork-Kommunikation

Natürlich ist der neue Partner – ob es nun Konflikte gibt oder nicht – auch immer mit der Frage konfrontiert, wie er sich dem Expartner gegenüber verhalten soll. Am besten bewährt hat sich – wenig überraschend – eine offene und direkte Kommunikation. Sie muss nicht besonders ausufernd oder betont freundlich sein, aber so, dass man sich in die Augen schauen und einen Kaffee miteinander trinken kann. Damit man sich zwei oder sieben Jahre später anrufen und zum Beispiel sagen kann: »Hör mal, jetzt steht die Konfirmation (oder der Schulabschluss) vor der Tür, was machen wir da? Ich habe den Eindruck, dass es dir lieber wäre, wenn ich bei der Feier nicht dabei bin. Ist das richtig?« Eine einfache und klare Frage, die man nicht seinem Partner überlassen sollte. Das heißt, man sollte so eine Kommunikation niemals indirekt führen. Man riskiert allenfalls, dass der andere die Kommunikation verweigert und einfach auflegt. Aber das ist ja auch eine klare Antwort.

Ich ziehe den dänischen Begriff der Bonusfamilie dem altertümlichen Wort Stieffamilie vor. Und natürlich gibt es die Patchworkfamilien, die schon als Patchworkfamilien beginnen – mit früheren Kindern auf beiden Seiten, denen sich irgendwann neue Geschwister hinzugesellen.

Es ist eine Tatsache, dass wir noch keine Kultur für das Zusammenleben als Patchworkfamilie haben, weil wir sie noch nicht lange praktizieren. Derzeit wissen wir nur, dass es nicht einfach ist – aber es ist in keiner Familie einfach.

Irgendwann werden wir genug Erfahrung gesammelt haben, um feststellen zu können, wie das Zusammenleben am besten gelingt. Was diese Familien meiner Erfahrung nach brauchen, ist ein bisschen mehr formelle Kommunikation, als das in Kernfamilien üblich ist. Wobei es auch in Kernfamilien bestimmt keine schlechte Idee ist, sich etwa einmal im Monat zusammenzusetzen und gegenseitig zuzuhören. Die Erwachsenen stellen ein paar offene Fragen an alle: »Wir haben jetzt eine neue Familie gegründet, und wir würden gern wissen, wie es euch damit geht. Was denkt ihr darüber? Was beschäftigt euch gerade?« Diese Fragen gehen an die gesamte Runde – mehr nicht.

Es gibt immer Probleme und Konflikte, aber in dieser Stunde soll man sie nicht lösen. Man sollte nicht stundenlang debattieren, weil die Kinder sonst nicht mehr mitmachen und nächstes Mal genervt aufstöhnen werden: »Schon wieder diese blöde Veranstaltung!«

Es geht darum, sich gegenseitig zuzuhören – vielleicht macht jemand eine emphatische und möglichst auch sympathische Bemerkung, und das war's.

Nummer zwei auf der Hitliste

Auch in anderer Hinsicht muss die Rolle von Bonuseltern klar sein. Als Vater oder Mutter muss ich meinem neuen Partner von Anfang an die Wahrheit sagen: »Du ziehst mit jemandem zusammen, der ein Kind hat, was bedeutet, dass du für immer die Nummer zwei auf meiner Hitliste sein wirst. Das Kind steht immer an erster Stelle, so ist das eben.«

Wir Männer sind das oft schon gewohnt, denn sobald unser erstes Kind auf die Welt kam, wurden wir auf den zweiten Platz verwiesen (und sind mit ein bisschen Glück dort geblieben). Für Frauen ist dies eine ganz neue Erfahrung, und diese Realität ist nicht immer einfach zu akzeptieren.

Natürlich passiert es auch, dass ein Kind plötzlich an zweiter Stelle steht, was eine sehr kränkende Erfahrung ist. In neunundneunzig Prozent dieser Fälle sind es die Väter, die sich so entscheiden. Was nicht heißt, dass sie gleichgültige oder kaltherzige Väter wären – es mangelt ihnen nur an Erfahrung, und manchmal sind sie auch ein bisschen arg »romantisch«.

Wenn ein Kind aus der neuen Verbindung entsteht, ist es auch für dieses Kind sehr wichtig, dass der Vater zu seinen Kindern aus der vorherigen Beziehung immer noch eine enge Verbindung hat. Sonst spürt es schmerzlich, dass da etwas nicht stimmt. Kinder spüren ja unsere Geheimnisse. Sie können sie nicht benennen, aber sie wissen, dass irgendetwas nicht in Ordnung ist. Und was das ist, wissen nur Vater und Mutter.

Liebes- und andere Beziehungen

Die strukturierte und klare Kommunikation, von der ich weiter vorne gesprochen habe, ist meiner Erfahrung nach sehr wichtig. Eine Patchworkfamilie funktioniert ja ganz anders als eine Kernfamilie. In einer Kernfamilie sind alle Beziehungen Liebesbeziehungen. In einer Patchworkfamilie sind nur die Beziehung zwischen den zwei Erwachsenen sowie deren Beziehung zu ihren eigenen Kindern Liebesbeziehungen. Wie sich die anderen Beziehungen gestalten werden, wissen wir zunächst nicht. Wir reden also von ganz anderen Beziehungen, und wenn wir versuchen, diese Familien so zu behandeln, als ob es Kernfamilien wären, dann geht es schief.

Vor allem sollte man sich vor unsinnigem »Gerechtigkeitsdenken« hüten, nach dem Motto: »Du verbringst mehr Zeit mit deinem eigenen Kind als mit meinem Kind!« Darauf kann man nur erwidern: »Ja, natürlich. Was hast du erwartet?«

Oder: »Das Geburtstagsgeschenk für dein eigenes Kind war viel teurer als das für meines.« Sollte das wirklich ein Problem sein?

Aus der Sicht eines Vierjährigen sieht die Sache so aus: »Meine Mutter geht jetzt mit einem fremden Kind genauso um wie mit mir! Das kann doch nicht wahr sein! Bin ich denn nichts Besonderes mehr?«

Ich möchte noch einmal zu dieser »Familienkonferenz« zurückkehren, die ich vorgeschlagen habe. Das mag sich ein bisschen formell anhören, aber es ist wichtig! Die Eltern haben bei so einer Runde immer die Führung inne und können sich beim Fragenstellen natürlich abwechseln. Manche Kinder antworten auf die Frage »Wie geht es dir?« mit »Weiß nicht«. Daraufhin kann man sagen: »Ich warte jetzt mal zehn Minuten, und dann frage ich dich noch mal.«

Wenn Kinder »Weiß nicht« sagen, meinen sie damit: »Ich weiß genau, wie es mir geht, aber ich weiß noch nicht, ob es möglich ist, dir das zu sagen.«

Natürlich müssen die Kinder auch erleben, dass die Erwachsenen mal unsicher sind oder nicht weiterwissen. Meine Partnerin kann zu meinem Kind sagen: »Ich weiß im Moment gar nicht, wie ich mit dir reden kann, weil ich in deinem Universum immer so unwillkommen bin. Was mache ich falsch?«

Wenn so ein Gespräch ein oder zwei Mal geführt wurde, können alle aufatmen. Dann wissen wir, dass wir jetzt eine Familie aufbauen können, die wirklich aus allen Familienmitgliedern besteht und nicht nur aus den Erwachsenen. Und dass das eben etwas ganz anderes von uns fordert.

Das Wohl des Kindes

von Jesper Juul

Ich habe mir vorgenommen, hier die Dinge beim Namen zu nennen. Menschen, die zart besaitet sind oder den Hang zu politischer Korrektheit haben, sollten also lieber nicht weiterlesen. Gemeinsam mit anderen Fachleuten habe ich vor rund vierzig Jahren versucht, Leitlinien für die staatlichen Beratungsstellen für Paare in Trennung zu entwickeln. Heute müssen sowohl ich selbst als auch viele Eltern konstatieren, dass diese Leitlinien angesichts der oft äußerst konfliktvollen Scheidungen und Trennungen nicht funktionieren. Was unter anderem daran liegt, dass die Berater sich nicht trauen, Klartext zu reden und ihre eigenen Erfahrungen aufs Tapet zu bringen. Hier kommen meine:

Kindeswohl

Der Begriff »Kindeswohl« ist ein alter juristischer Terminus, dessen Bedeutung nie klar definiert wurde. Heutzutage wird er von vielen Eltern benutzt und missbraucht, die ebenfalls nicht wissen, wovon sie reden, mögen sie auch mitunter die besten Absichten hegen. Am häufigsten dient dieses Wort den Eltern jedoch als Baseballschläger, mit denen sie sich gegenseitig die Köpfe einschlagen – sicher nicht zum Wohl des Kindes.

Im Allgemeinen meint das Kindeswohl »die zwischenmenschlichen Beziehungen und Lebensbedingungen, die dem Kind die bestmöglichen Bedingungen bieten, um sich als Individuum und als Mitglied der Gesellschaft entwickeln zu können« – was gar nicht genug unterstrichen werden kann.

Was schadet Kindern?

Viele Eltern fragen sich, ob eine Scheidung Kindern generell schadet, unabhängig davon, wie friedlich oder kriegerisch sie vonstattengeht. Da auch der Begriff des »Schadens« vielfältig benutzt und missbraucht wird, möchte ich gleich darlegen, was meines Erachtens Kindern wirklich schadet. Zunächst ist es jedoch wichtig, zwischen zwei Arten von seelischem Schmerz zu unterscheiden:

- Der emotionale Schmerz ist ein notwendiger Teil unserer Existenz und dominiert das Leben der Kinder während eines Trennungsprozesses. Es handelt sich in erster Linie um Trauer, Zorn, Schuld, Scham und Angst. Diese Empfindungen schaden Kindern nicht, sofern es ein paar Erwachsene (und andere Kinder) gibt, die sie mit ihnen teilen und ihnen den Rücken stärken. Ist dies der Fall, wird das Selbstgefühl der Kinder sowie deren Empathie gestärkt.

- Der existenzielle Schmerz ist ein schwieriger Begriff, der von den Erlebnissen und Umständen handelt, die unsere Art, Mensch und Mitmensch zu sein, unser inneres und äußeres Verhalten, nachhaltig beeinflussen. Sei es die Angst vor engen persönlichen Beziehungen, Freundschaften und Liebesverhältnissen. Sei es das Gefühl, bei zwischenmenschlichen Problemen stets der »Schuldige« zu sein. Sei es die Überzeugung, als Mutter oder Vater versagt zu haben. Sei es ein unterentwickeltes Selbstgefühl oder ein Mangel an Empathie oder die Neigung, intensive Gefühle gewalttätig oder selbstdestruktiv zum Ausdruck zu bringen. Glücklicherweise gibt es auch viele Erlebnisse, die sich nachhaltig positiv auswirken.

Was Kindern wirklich schadet, sind meiner Ansicht nach existenzielle Erlebnisse, die ihre Lebenskraft und Lebensfreude beeinträchtigen. Die das Licht in ihren Augen teilweise oder ganz erlöschen lassen und ihre Körper unfrei machen. Dies gleicht den Auswirkungen, die durch Gewalt, Krieg, sexuelle oder verbale Übergriffe sowie die Vernachlässigung ihrer grundlegenden Bedürfnisse hervorgerufen werden. Explosive und unwürdige Scheidungen, die vom Machtkampf der Eltern geprägt werden, sind für die beteiligten Kinder ein traumatisches Erlebnis.

Dasselbe geschieht, wenn die Eltern um das Umgangsrecht streiten, also darum, wer wieviel Zeit mit den Kindern verbringen darf. Eltern, die sich im Kampf um das vermeintliche Kindeswohl gegenseitig kränken und verletzen, erreichen das genaue Gegenteil, verhindern das Wohlergehen ihrer Kinder und hemmen deren Entwicklung. Es ist ganz simpel: Wenn

Eltern sich verletzen – ganz gleich, ob die Verletzung von einer oder von beiden Personen ausgeht –, fügen sie ihren Kindern einen existenziellen Schmerz zu und schaden damit nicht nur den Kindern, sondern auch ihrem zukünftigen Verhältnis zu ihnen – und zwar für immer!

Kinder lieben ihre Eltern bedingungslos – selbst dann, wenn einer von ihnen oder beide die moralischen Mindestanforderungen nicht erfüllen. Die Liebe der Kinder wird auch nicht kleiner, wenn die Mutter untreu war, der Vater schlägt und trinkt, die Mutter ihre Verabredungen und der Vater seine Versprechungen nicht hält.

Viele Kinder neigen außerdem dazu, gerade dem Elternteil gegenüber loyal zu sein, der in besonderem Maße zur Zielscheibe von moralischer Kritik und Verurteilung geworden ist.

Womit wir feststellen können, dass Kinder nicht in der Lage sind, für ihr eigenes Wohl Sorge zu tragen. Sie müssen gesehen und gehört und ihre Bedürfnisse ernst genommen werden, aber es liegt in der Verantwortung der Eltern, die Lebensqualität ihrer Kinder langfristig zu sichern. Sind sie dazu nicht in der Lage, übernehmen Fachleute, Jugendämter und Gerichte, deren Beschlüsse jedoch alles andere als unfehlbar sind. Dies ist ein weiterer Grund, warum Eltern gut daran tun, ihrer Verantwortung gerecht zu werden.

Schuld und Verantwortung

Ganz gleich, was Ihre Trennung oder Scheidung ausgelöst hat oder wie verwerflich Sie das Verhalten Ihres Partners auch finden mögen, so ist es eine unverrückbare Tatsache, dass Sie beide gleich verantwortlich für das Scheitern Ihrer Beziehung sind. Scheidungen sind niemals die Folge einer einzigen Handlung, sondern der Art und Weise, wie Sie von Anfang an zusammengelebt haben. Diese wichtige Erkenntnis bleibt Ihnen allerdings verschlossen, solange Sie sozusagen im Sandkasten sitzen und mit dem Finger aufeinander zeigen. Also hören Sie damit auf und benehmen Sie sich wie erwachsene Menschen! Was im Übrigen auch das Beste für Ihre eigene Lebensqualität und die neue Partnerschaft ist, die womöglich auf Sie wartet.

Vielleicht sind Sie auch nicht so erwachsen, wie Sie selbst geglaubt haben, aber jetzt gilt es! Ihre Kinder sind unbedingt auf erwachsene und reife Eltern angewiesen.

Wenn Sie dieser Anforderung nicht gerecht werden, bleiben Ihre Kinder allein mit der Schuld zurück – die Schuld, die sie auf sich nehmen, ganz gleich, was Eltern oder andere Erwachsene sagen mögen.

Das tun sie automatisch, wenn ihre Eltern weder die Verantwortung für sich selbst noch für ihre Kinder übernehmen. Die Kinder sollten sich ihr Leben lang auf das Verantwortungsbewusstsein ihrer Eltern verlassen können, was viel wichtiger ist als ein eigenes Zimmer, Campingferien, Spielzeug, Hundewelpen, ein Pferd oder Taschengeld. Niemand wird binnen einer Woche erwachsen, doch sobald Sie damit beginnen, lässt der Druck auf Ihre Kinder nach, und Sie werden auch besser mit sich selbst klarkommen.

Und was für gute Vorbilder werden Sie sein, wenn Ihre Kinder eines Tages mit ihren eigenen Trennungen und Scheidungen konfrontiert sein werden.

Fragen Sie sich selbst, ob Sie die folgenden drei Aussagen mit Ja oder Nein beantworten würden:

- Ich finde, man kann es verantworten, mit seinem Expartner um die Kinder zu kämpfen.
- Mir ist schon klar, dass mein Kampf den Bedürfnissen der Kinder nicht gerecht wird.
- Ich weiß es genau, aber ich weiß nicht, wie ich aufhören soll.

Wenn Sie die erste Frage bejahen, müssen Sie gar nicht erst weiterlesen. Falls Sie die zweite oder dritte Frage mit Ja beantworten, besteht Hoffnung …

Sich Hilfe holen!

Vermutlich können Sie sich nicht mehr im selben Raum aufhalten, ohne zu streiten oder sich Vorwürfe zu machen, und können auch gar nicht mehr damit aufhören. Deshalb sollte der erste vernünftige Schritt darin bestehen, sich Hilfe von außen zu holen – für die gesamte Familie. Sie brauchen eine Familientherapeutin, die den Mut und die Erfahrung besitzt, sich gemeinsam mit Ihnen und Ihren Kindern mitten hinein ins Chaos zu begeben. Ein-, zwei- oder siebenmal, bis Sie gelernt haben, sich wieder anständig zu behandeln.

Als ich mich als Therapeut einmal selbst in dieser Situation befand, rief der Vater der Familie plötzlich aus: »Ach, können Sie mich nicht einfach wie einen Fremden behandeln …« Er meinte damit natürlich, ob ich ihn nicht genauso behandeln könne wie andere Menschen, die mir fremd sind.

Natürlich ist nicht jede Therapeutin bereit, sich mitten in die Familiensituation hineinzubegeben, doch wenn Sie eine benötigen, dann bitten Sie das Jugendamt oder andere Institutionen um Vorschläge, recherchieren Sie im Internet und haben Sie auch keine Scheu, die Therapeutin zu wechseln, wenn Sie das Gefühl haben, mit jemandem nicht richtig weiterzukommen.

Sie müssen sich nur darin einig sein, sich Hilfe von außen holen zu wollen.

Die Wahl des richtigen Therapeuten

Um die richtige Therapeutin zu finden, möchte ich Folgendes vorschlagen: Wenn Sie nach zwei gemeinsamen Treffen nicht zufrieden sind, dann sagen Sie ihr das. Wenn sich auch beim dritten Mal nichts ändert, beenden Sie die Zusammenarbeit. Es ist alles andere als selbstverständlich, dass die Chemie zwischen den Hilfesuchenden und der Therapeutin stimmt, deshalb muss sich auch niemand schuldig fühlen.

Entscheidend ist, dass Sie eine Therapeutin finden, die mit Ihnen spricht, während sich die Kinder im selben Raum befinden. Diese brauchen aber nicht stumm auf einem Stuhl zu sitzen, sondern können lesen, ihr iPad benutzen oder mit Legosteinen spielen. Für Kinder ist es ein großes Geschenk, miterleben zu dürfen, wie jemand versucht, ihren Eltern zu helfen – allein das nimmt eine schwere Last von ihren Schultern. Oft kommen sie danach schlagartig besser im Kindergarten oder in der Schule zurecht. Und nachdem die Kinder alles eine Weile aus der Ferne beobachtet und die Therapeutin als einen Erwachsenen erlebt haben, dem man vertrauen kann, werden sie sich allmählich freiwillig an dem Prozess beteiligen. Tun sie das nicht, gibt es zwei Möglichkeiten:

- Sie können die Kinder jeder für sich danach fragen, was ihnen nicht behagt. Fragen Sie ruhig ganz direkt: »Ihr sagt ja gar nichts zu unserer Therapie. Liegt es daran, dass ihr zu der Therapeutin kein Vertrauen habt?« Die Antwort darauf können Sie beim nächsten Treffen mit Ihrer Therapeutin zur Sprache bringen.

- Noch besser wäre es natürlich, wenn die Therapeutin die Zurückhaltung der Kinder selbst bemerkt und direkt darauf eingeht. Dazu dürfen Sie sie auch gern auffordern. Eine Therapiesitzung wird von allen gestaltet, nicht nur von der Therapeutin.

Auf dem Weg in die Zukunft

Ihr gegenwärtiger Krieg handelt in Wahrheit von Ihrer gemeinsamen Vergangenheit und davon, im Recht zu sein. Ein alter Spruch lautet: Gib die Hoffnung auf, dass es besser wird.

Nichts wird dadurch besser, dass man sich »im Recht« wähnt, was immer das auch heißen mag. Und vor allem den Kindern geht es furchtbar schlecht, wenn ihre Eltern sich als »Sieger« oder »Verlierer« definieren. Gerechtigkeit gibt es einfach nicht. Sie haben sich damals freiwillig dazu entschieden, Eltern zu sein, und die Verantwortung für diese Entscheidung tragen Sie Ihr Leben lang, wie auch Ihre Kinder ihr Leben lang mit dieser Entscheidung leben müssen. Bei diesem Geschäft gibt es kein Rückgaberecht.

Wenn Sie eine gewisse Klugheit im Aufgeben der Hoffnung finden, im Recht zu sein oder Ihren Willen zu bekommen, dann ist Ihre Familie auf dem richtigen Weg. Andernfalls muss in letzter Instanz ein Gericht über Ihren Fall entscheiden, wozu ich zwei Dinge bemerken will:

- Zum einen verliert die Psychologie immer, wenn sie auf die Rechtsprechung trifft.

- Und zum anderen können weder Anwälte noch Richter für Gerechtigkeit sorgen.

Ihre Auseinandersetzung vor Gericht zu bringen, ist das Schlimmste, was Sie Ihren Kindern antun können – und ich gehe fest davon aus, dass Ihnen das Wohl Ihrer Kinder am Herzen liegt. Ich wünsche Ihnen viel Glück!

Auf den folgenden Seiten finden Sie ein paar Anregungen, die Ihnen helfen mögen, Ihre gegenwärtige Haltung zu überdenken.

Passen Sie gut auf sich auf!

Viele von uns sind in Familien aufgewachsen und haben Schulen besucht, die uns gelehrt haben, Verantwortung für alle möglichen Dinge zu übernehmen, aber nicht für uns selbst. Das rächt sich, wenn wir später in ernste Lebenskrisen geraten. Wer nicht gelernt hat, die Verantwortung für sein Verhalten, seine Reaktionen, Gedanken und Gefühle zu übernehmen, fällt anderen Menschen zum Opfer, was auf lange Sicht krank macht. Hinzu kommt, dass es nicht ratsam ist, die Rolle des Opfers in eine neue Beziehung mit hineinzunehmen.

Mögen Ihr Partner, Ihre Kinder, Ihre Eltern und Freunde auch manchmal Dinge sagen und tun, die Sie verletzen, traurig oder wütend machen, so liegen Ihre Gefühle und Reaktionen darauf doch ausschließlich in Ihrer eigenen Verantwortung und sind nicht die Schuld der anderen.

Die Gefühle werden von anderen geweckt, aber es sind Ihre Gefühle. Wenn Sie in einer Beziehung leben, in der Sie immer mehr Gefühle und Reaktionen zeigen, die Ihnen nicht gefallen, liegt es in Ihrer Verantwortung, die Beziehung zu beenden. Es nützt nichts, zu hoffen oder zu fordern, der andere möge sich ändern, oder Schuldgefühle wegen des eigenen Verhaltens in der Beziehung zu haben. Das bedeutet es, erwachsen zu sein. Für ein Kind ist die Möglichkeit, aus einem schmerzhaften Familienleben auszubrechen, sehr gering. Doch als Erwachsener hat man sowohl das Recht als auch die Möglichkeit, besser auf sich selbst aufzupassen.

In der Beziehung, die zu Ende geht, hatten Sie vielleicht einen dominanten Partner. Einen Partner, der alles bestimmen und Sie kontrollieren wollte, der Ihnen psychische oder physische Gewalt angetan hat oder Ihnen untreu gewesen ist. Vielleicht waren es aber auch seine Passivität und mangelnde Fürsorge, die Sie unglücklich gemacht haben. Vielleicht haben Sie dazu geschwiegen und sich des lieben Friedens willen untergeordnet.

Falls es sich so verhält, müssen Sie unbedingt wissen, dass Sie ebenso gut den gegenteiligen Verhältnissen zum Opfer fallen können. Einem Partner, der Sie immer versteht, der offen, gegenwärtig, liebe- und rücksichtsvoll ist und niemals die Stimme hebt. Auch in so einer Beziehung ist es letztlich ein anderer, der Sie definiert und über Ihr Wohlbefinden entscheidet. Falls Sie in einer Paarbeziehung die Opferrolle innehatten, ist es »lebensgefährlich«, diese in Ihrem weiteren Leben beizubehalten. Selbst Kinder und Erwachsene, die Sie lieben, werden Sie ganz unbewusst dominieren.

Für Ihre Zukunft, das Zusammenspiel mit Ihren Kindern,

für Ihr Selbstbild, Ihr Selbstvertrauen und Ihr Selbstgefühl ist es von entscheidender Bedeutung, dass Sie Ihre Gefühle, wahren Bedürfnisse und persönlichen Grenzen besser kennenlernen:

- Wie wollen Sie es haben?
- Für welches Bild möchten Sie nicht Modell stehen?
- Was wollen Sie und was nicht?

Womöglich gehören auch Sie zu den vielen Menschen, die gelernt haben, dass es egoistisch und lieblos ist, so zu denken. Aber das ist ein Irrtum! Nur wenn Sie für sich selbst Sorge tragen können, werden Sie auch in der Lage sein, konstruktive und liebevolle Beziehungen zu anderen Personen aufzubauen. Es ist ein schöner Zug, seine eigenen Wünsche und Bedürfnisse hin und wieder hintanzustellen, aber nur, wenn dies Ihre freie Entscheidung ist. Eine Entscheidung, die keinesfalls von den Forderungen und Erwartungen anderer oder von Ihren Schuldgefühlen diktiert sein sollte – ganz gleich, ob es Ihre alten Schuldgefühle oder diejenigen sind, die mit Ihrer Scheidung zusammenhängen. Letztere sind besonders gefährlich, wenn sie die Beziehung zu Ihren Kindern steuern.

Indem Sie lernen, Eigenverantwortung zu übernehmen, werden Sie nicht nur zufriedener mit sich selbst und ein besserer Freund und Partner sein. Sie werden auch zu einem besseren Rollenmodell für Ihre Kinder, die genau dasselbe lernen müssen, um im Leben gut zurechtzukommen – ganz gleich, ob sie zwei oder fünfzehn Jahre alt sind.

Gemeinsam mit Ihrem Expartner sind Sie in der Beziehung gescheitert, von der Sie bestimmt gehofft hatten, Sie würde ein Leben lang andauern. Wenn Sie sich selbst nicht als Opfer betrachten, in Selbstkritik oder Bitterkeit versinken, dann macht Sie diese Niederlage nicht zu einem schlechten Menschen, sondern nur zu einem erfahreneren. Sie haben es verdient zu lernen, wie Sie am besten Sorge für sich selbst tragen.

Tragen Sie Sorge für Ihre Trauer und die Ihrer Kinder

Eine Scheidung löst zumindest bei einem der Erwachsenen sowie bei den Kindern große Trauer aus. Das gilt auch für ältere Kinder und Teenager, wenngleich diese natürlich erleichtert darüber sind, wenn sich ihre Eltern endlich wieder wie erwachsene Menschen benehmen. Leider besitzen Kinder aller Altersstufen ein außerordentliches Talent, ihre eigene Trauer vor den Eltern zu verbergen. Deshalb sollten Sie sich klarmachen, dass Ihre Kinder in der Regel drei bis vier Jahre Zeit brauchen, um alles einigermaßen zu verarbeiten.

Für Ihre eigene Trauer brauchen Sie ebenso lange, wenngleich dies nicht bedeutet, dass Sie sich rund um die Uhr deprimiert fühlen müssen. Die Kinder spielen wie immer, Sie gehen Ihrer Arbeit nach, doch hin und wieder macht sich der Schmerz bemerkbar und fordert Ihre Aufmerksamkeit. Trauer lässt sich weder wegarbeiten noch wegspielen.

Trauer erfordert Zeit, auch Zeit zum Nachdenken, und sollte mit jemandem geteilt werden können. Was bedeutet, dass Sie den Raum und die Zeit schaffen müssen, die Sie und Ihre Kinder benötigen.

Das gilt auch, wenn Sie selbst noch so verliebt sein sollten oder wie viele von uns gelernt haben, dass man Kinder mit Trauer und Schmerz verschonen solle. Wenn sie sich permanent zusammennehmen und Ihre Trauer nur zulassen, wenn Sie allein sind, senden Sie Ihren Kindern ein gefährliches Signal: In unserer Familie verbergen wir unsere Trauer aus Rücksichtnahme voreinander. Kinder machen sich dieses Verhalten sofort zu eigen und werden dadurch krank. Wir wissen beispielsweise, dass die Lernfähigkeit eines Kindes in den Monaten nach der Scheidung um 30 Prozent beeinträchtigt ist, und wenn sie noch dazu fühlen, dass sie ihre Trauer verbergen müssen, kann dies jahrelang anhalten. Eingeschlossene Trauer und Wut beeinträchtigen die Gesundheit und Lebensqualität von Eltern und Kindern.

Je mehr die Eltern streiten, desto egozentrischer sind sie. Was kein moralischer Vorwurf sein soll, sondern eine psychologische Feststellung. Wenn wir von großen Gefühlen wie Trauer, Verliebtheit, Bitterkeit und Wut beherrscht werden, wird unsere Aufmerksamkeit dadurch gebunden und kann sich weniger anderen Dingen zuwenden.

Kinder verhalten sich egozentrischen Eltern gegenüber auf zwei entgegengesetzte Arten: Ungefähr die Hälfte von ihnen passt sich an und drängt sich nicht auf. Die andere Hälfte gerät in Panik und versucht alles, um Aufmerksamkeit zu erlangen.

Die gesamte Problematik rund um die Fragen, wann man seinen Kindern am besten den neuen Partner vorstellt und wie sich neue Familienverhältnisse organisieren lassen, habe ich in meinem Buch *Aus Stiefeleltern werden Bonuseltern* beschrieben. Vor allem geht es darum, weder sich selbst noch den Kindern die Beschäftigung mit der eigenen Trauer zu verwehren. Ihre Scheidung macht Ihre Kinder unglücklich – wie könnte es anders sein? Das ist eine gesunde Reaktion und ihre Art, sich selbst zu heilen. Lassen Sie sich also nicht von Ihren Schuldgefühlen leiten, denn Sie können den Schmerz, den Sie Ihren Kindern zugefügt haben, nicht mit Geschenken, Grenzenlosigkeit oder Dienstleistungen kompensieren. Hören Sie ihnen zu. Reden Sie mit ihnen – auch über Ihre eigene Trauer – und lernen Sie, damit zu leben, dass dies das Einzige und Beste ist, das Sie tun können. Falls Sie dazu nicht in der Lage sind, sollten Sie professionelle Hilfe für alle Beteiligten in Anspruch nehmen.

Eltern sein – auch nach der Trennung

von Jesper Juul

Wenn es Probleme zwischen den Eltern gibt, geht es meistens um die wichtige Frage der Verantwortung. Verantwortung zu tragen, heißt nicht, irgendwelche Aufgaben zu übernehmen. Vielmehr geht es um die tausend Kleinigkeiten, die meist Mütter im Kopf haben. Wenn man die als Vater nicht auch auf dem Schirm hat, kann man keine Verantwortung tragen. Tatsächlich erleben sich etwa achtzig bis neunzig Prozent der Frauen, die in Beziehungen leben, in dieser Hinsicht als Alleinerziehende. Und man merkt bei Trennungen, dass sich bei vielen Frauen sehr viel Wut darüber angestaut hat – eine Wut, die sie während des Zusammenlebens oft nicht oder nur sehr indirekt ausgedrückt haben.

Die wichtigste Frage in diesem Zusammenhang lautet: Welche Erwartungen habe ich an meinen Partner? Wir sollten hin und wieder innehalten und uns fragen: Wie geht es uns in der gegenwärtigen Situation?

Lernen, Vater zu sein

Es ist eine Tatsache, dass man das Vater-Sein als Mann allein lernen und üben muss. Vater-Sein kann man nicht von Müttern lernen. Man kann von ihnen natürlich die Grundlagen von Fürsorge etc. lernen. Aber man kann Mütter nicht als Vorbilder nehmen, wenn man Vater ist.

Es gibt eine Menge Väter, die in dieser Hinsicht äußerst bequem und abwesend sind, solange sie sich in einer Beziehung befinden. Wenn man ein anständiger Mann ist, löst eine Trennung aber eine existenzielle Krise in einem aus. Man muss in sich gehen, vieles neu überlegen und sich entscheiden, was man jetzt tun will. Denn ich kann nicht einfach jeden zweiten Sonntag mit meinem Kind in den Zoo gehen, und das war's dann. Man muss sich durch seine Entscheidungen und durch sein Tun qualifizieren, und man sollte nicht erwarten, dass die Frauen jetzt plötzlich kommen und sagen: »Hier, mein Lieber, hast du fünf Kilo Verantwortung. Die gebe ich dir gern, und ich werde dich auch nicht kontrollieren. Du kannst machen, was du willst.« Das wird nicht passieren.

Was in den Beziehungen fehlt

Junge Paare haben heute ganz andere Erwartungen an eine Paarbeziehung als meine Generation und die Generation meiner Eltern. Sie wollen vor allem die meiste Zeit glücklich sein, sie wollen vierzig Jahre lang spannenden und guten Sex haben – kurzum, sie wollen alles Mögliche, das es früher nicht gab. Und sie wollen es jetzt, wogegen an und für sich nichts einzuwenden ist. Man muss aber feststellen, dass es in dieser Hinsicht keine Vorbilder gibt.

In meiner Generation haben die Frauen »einen Mund bekommen« und sprachen plötzlich über Dinge, mit denen sie nicht zufrieden waren. Zweifellos eine richtige und überfällige Entwicklung, mit der wir Männer ein wenig in die Defensive gerieten. Als Paar- und Familientherapeut habe ich immer wieder erlebt, dass die Paare nach sieben bis fünfzehn Jahren zur Beratung gekommen sind, weil die Frauen das wollten. Und die Frauen waren es auch, die sich beschwerten: »Wir haben keine Nähe, wir machen nie etwas gemeinsam, du arbeitest immer …« So war es schon vor dem Zeitalter der E-Mails und Laptops.

Die Frauen wollten ihre frühere Paarbeziehung zurückhaben und erwarteten von den Männern, dass sie sich ändern und öffnen. Denn die Lösung der Frauen hatte damals fast immer mit der Vorstellung zu tun, dass man mehr über seine Gefühle reden müsse. »Warum redest du nie über deine Gefühle?«, fragten sie ihre Männer. Aber was antwortet man auf so eine Frage?

Die meisten Frauen glauben fest daran, dass es sehr wertvoll ist, über die eigenen Gefühle zu reden. Dazu kann ich sagen, dass das so nicht stimmt.

Es ist allerdings wertvoll und notwendig, dass man die eigenen Gefühle in einer Liebesbeziehung ausdrücken und teilen kann. Aber so darüber zu reden, wie Freundinnen das untereinander tun, bringt nichts – da kann man genauso gut über Fußball reden. Frauen sind clever und merken: Hier fehlt etwas. Sie wissen nur nicht immer, wie sie damit umgehen sollen. Und die Männer, deren Gefühlsleben oft notgedrungen verarmt ist, fühlen sich genauso einsam und isoliert wie die Frauen. Doch im Gegensatz zu den Frauen erwarten sie nicht, dass es anders sein sollte.

Deshalb habe ich den Vorschlag von einer dänischen Sexologin weiterentwickelt: Es gibt innerhalb der Familie eine Position, die noch unbesetzt ist, und zwar die Position des »Liebesministers«. Und diese freie Position sollten die Männer übernehmen, weil sie dafür am besten qualifiziert sind. Ich muss als Mann proaktiv darüber nachdenken, was meine Frau und mein Kind brauchen. Und als Liebesminister hat man sowohl die Macht als auch das Recht, proaktiv zu sein.

Kinder wollen und brauchen ihre Väter

Wenn die Erwachsenen sich anständig trennen und auch weiter konstruktiv miteinander umgehen, kann man oft ein Phänomen beobachten. Kinder, die sich frei fühlen, wollen in der Pubertät oft zu dem Elternteil ziehen, mit dem sie bis dahin nicht zusammengewohnt haben. Die Kinder spüren instinktiv, dass sie beide Eltern brauchen – ich habe bereits darüber gesprochen.

Wenn das passiert, muss es eine klare Kommunikation zwischen den beiden Eltern geben, damit die Mutter nicht etwa sagt: »Klar willst du bei deinem Vater wohnen. Den kannst du um den Finger wickeln, bei ihm kriegst du alles, was du willst, der setzt dir auch keine Grenzen …«

Tatsache ist, dass es Kindern am besten geht, wenn sie beide Elternteile zur Verfügung haben. Sind Mütter wichtiger als Väter? Nein.

Es gibt zahllose Studien, die besagen, dass alleinerziehende Väter es genauso gut machen wie alleinerziehende Mütter. Untersuchungen zeigen, dass Babys, wenn sie beide Eltern zur Verfügung haben, auch beide gleichermaßen wollen. Das ist ein alter Mythos in der Psychologie, dass Mütter das Wichtigste für Babys wären. Aber das stimmt nicht. Väter haben also heute eine ganz neue Rolle inne – plötzlich steht ihnen die Tür gewissermaßen weit offen.

Wie sich die Abwesenheit der Väter während des Zweiten Weltkriegs auf die Entwicklung ihrer Kinder ausgewirkt hat, ist heute hinlänglich erforscht. Und die Folgen waren dramatisch! Doch noch heute sehen wir Tag für Tag die Konsequenzen, die sich aus halb oder gänzlich abwesenden Vätern ergeben. Fast vierzig Prozent unserer Grundschulkinder sind in irgendeiner Art von Therapie. Davon sind achtzig bis neunzig Prozent Jungen, denn Jungen sind die neuen Verlierer. Warum? Weil die Mütter allein nicht genug sind. Sie können den Jungen nicht geben, was diese brauchen. Das können nur Väter und Mütter gemeinsam.

Man kann sich natürlich fragen, warum das nicht schon immer so war. In meiner Kindheit und noch zu der Zeit, als mein Sohn Kind war, konnten Kinder überall Männern begegnen. Heute begegnen sie fast ausschließlich Frauen, weil sie in Betreuungseinrichtungen untergebracht sind, in denen es kaum Männer gibt. Frauen und Mütter sind ja meist wunderbar, aber sie sind nicht omnipotent. Das heißt, sie haben nicht alles, was Kinder brauchen. Die Väter sind also unbedingt notwendig.

Wenn ich die deutschen Väter heute mobilisieren und sagen könnte: »Kommt, eure Jungs brauchen euch!«, dann würde ich das machen.

Das, worüber wir hier sprechen, ist so ernst und so teuer, und es tut so furchtbar weh, dass man von einer ganz leisen nationalen Katastrophe sprechen kann. Das ist auch in Dänemark so. Und da können nur die Väter selbst etwas machen, die Mütter können da nichts machen. Die pädagogischen Fachleute, also Lehrende und Erzieherinnen, könnten etwas machen – die könnten sich selbst ein bisschen entwickeln und erwachsen werden. Aber darauf können wir nicht warten.

Kinder sind mit ihrem Trennungsschmerz oft allein

Ich weiß, man macht sich nicht sehr beliebt, wenn man das sagt, aber die Studienlage weist immer mehr darauf hin, dass die Trennung der Eltern für viele Kinder traumatisierend ist. Die Kinder leiden unheimlich darunter, und das gilt natürlich besonders, wenn die Eltern sich streiten und die Kinder dabei als Waffen benutzen. Das allein ist entsetzlich.

Aber die Kinder leiden auch sonst. Warum sage ich das? Ich sage das, weil es mittlerweile keine soziale oder moralische Katastrophe mehr ist, ein Trennungskind zu sein. Man wird heute nicht mehr ausgegrenzt, wenn die Eltern sich getrennt haben, denn fast jedes Kind hat Freundinnen und Freunde, die dasselbe erlebt haben.

Stellen wir uns ein neunjähriges Kind vor, deren Eltern sich trennen wollen. All seine Freundinnen und Freunde, die getrennte Eltern haben, scheinen glücklich zu sein und mit der Trennung nicht das geringste Problem zu haben. Da muss das Kind natürlich denken, irgendetwas sei nicht in Ordnung mit ihm, weil es tatsächlich tief unglücklich ist.

Mit den Eltern kann es nicht reden. Die Mutter ist komplett selbstbesetzt, weil die so wütend ist, dass der Vater jetzt mit einer jüngeren Frau zusammen ist. Und der Vater ist bis über beide Ohren verliebt und steht ebenfalls nicht zur Verfügung. An wen soll das Kind sich wenden? So bleibt es allein mit seinem Trauma.

Viele der sogenannten Schulprobleme, die Kinder haben, sind eigentlich posttraumatische Belastungsstörungen, wie schwedische und norwegische Studien nahelegen. Und diese werden oft durch Trennungen verursacht.

Was natürlich nicht heißt, dass Eltern nur wegen des Kindes zusammenbleiben sollen. Es gibt viele Erwachsene, die über ihre eigene Kindheit erzählen: »Ich bin in einem Kühlschrank aufgewachsen! Es gab keine Liebe zwischen meinen Eltern.« Das kann also auch keine Lösung sein. Es gibt weder kinderfreundliche Trennungen, noch ist es gut für die Kinder, wenn man nur ihretwegen zusammenbleibt.

Die Trauer der Kinder und neue Partner

Wenn man sich nach der Trennung neu verliebt, sollte man das seinem Kind erzählen – weil es das sowieso spürt. Doch wenn es darum geht, den Alltag mit dem neuen Partner zu teilen, sollte man nach einer Trennung mit Kindern ab dem Alter von eineinhalb, zwei Jahren mindestens sechs Monate warten. Erst danach kann man einigermaßen abschätzen, ob das Kind schon der Lage ist, sich auf eine neue Person in seinem Umfeld einzustellen.

Man kann sich mit dem Kind und dem neuen Partner vielleicht in einer Pizzeria treffen oder gemeinsame Ausflüge unternehmen, aber ich finde es nicht gut, zu schnell eine neue »Halbfamilie« zu gründen. Besser ist es, allmählich ein Gefühl dafür zu bekommen, ob das irgendwann mal möglich wäre.

In der Phase der Verliebtheit ist man ja nicht richtig zurechnungsfähig und sollte daher auch keine grundsätzlichen Entscheidungen treffen.

Viele Eltern tun dies trotzdem, weil sie die ebenso einfache wie trügerische Rechnung aufmachen: Ich bin glücklich mit dem neuen Partner, dann muss mein Kind das doch auch sein.

In den ersten zwei, drei Jahren nach der Trennung sollte man sich auch noch keine gemeinsame Wohnung suchen. Der genaue Zeitpunkt hängt davon ab, wie das Kind auf die Gesamtsituation reagiert. Im Allgemeinen trauern Kinder etwa drei Jahre lang über die Trennung ihrer Eltern. Diese Zeit müssen wir ihnen unbedingt zugestehen. Manche Kinder verbieten sich auch die eigene Trauer, indem sie sich sagen: Meine Mama ist so glücklich, und mein Papa ist so unglücklich – da ist für mein Unglück gar kein Raum. Also bin ich jetzt besser froh!

Man kann meinen Vorschlag unrealistisch finden, und vielleicht ist er das auch. Man sollte jedoch nie vergessen, wie viele Kinder mit ihrer Trauer allein sind, was in Verhaltensauffälligkeiten und verschiedenen Diagnosen zum Ausdruck kommt. Und das ist nicht gut.

Kinder haben das Recht auf kompetente Eltern

Eine Sache haben wir zum Prinzip gemacht: Kinder haben das Recht auf zwei Eltern. Darüber herrscht in allen europäischen Ländern Einigkeit. Da ich aber in so viele schreckliche und schmutzige Trennungen involviert war, möchte ich diese Forderung ein wenig modifizieren: Kinder haben das Recht auf zwei *kompetente* Eltern. Und Eltern, die ihren Kampf auf dem Rücken ihrer Kinder austragen, sind nicht kompetent!

Ich glaube nicht, dass man solche Kämpfe vollkommen unterbinden kann. Was wir in diesem Zusammenhang aber unbedingt brauchen, sind Menschen in der jeweiligen Bürokratie, die viel besser ausgebildet sind als heute. Denn die Menschen dort haben oft keine Ahnung, was wirklich vor sich geht.

Wenn Eltern erbittert gegeneinander kämpfen und wenn sie auch um die Kinder kämpfen, sind sie wie im Wahn und können nicht mehr klar denken. In so einer Situation ist man nicht mehr vernünftig. Im Grunde müsste man zu den Streithähnen sagen: »Hört mal, solange ihr euch auf diese Art und Weise streitet, sollten die Kinder nicht bei euch wohnen. Erst wenn ihr euren Kampf beendet habt, können wir darüber reden, ob ihr euch als Eltern erneut qualifizieren könnt.« Natürlich ist dieser Vorschlag nicht praktikabel, doch sollte man moralischen Druck auf solche Eltern ausüben.

Alle Untersuchungen zu dem Thema zeigen ganz klar, dass eine Trennung dem Kind nicht schadet, solange die Eltern sich anständig behandeln.

Das muss nicht betont freundlich sein, die Erwachsenen müssen nur fair und konstruktiv miteinander umgehen. Andernfalls wird das Ganze zu einem existenziellen Problem für die Kinder. Das bedeutet, dass sie in ihrer Existenz gewissermaßen verkrüppeln. Was so furchtbar ist, dass wir es einfach nicht zulassen dürfen.

Wenn man es nicht geschafft hat, eine Bindung aufzubauen

Ich kenne viele Väter und nur wenige Mütter, die sich nach der Trennung bewusst entscheiden, eine passive Haltung einzunehmen. »Mein Sohn ist jetzt sieben Jahre alt«, sagen sie. »Lieber warte ich sechs Jahre ab, als jetzt in den Krieg zu ziehen. Die Kindheit ist relativ kurz, danach muss ich halt eine neue Beziehung zu meinem Kind aufbauen.«

In den 1980er-Jahren gab es in Dänemark einen Verein, der

sich um Trennungsväter gekümmert hat. Die haben mich eingeladen und später wieder rausgeschmissen, weil ich manche von ihnen als »Zoo-Väter« bezeichnet habe, was ihnen gar nicht gefallen hat. Diese Väter haben sich darüber beschwert, kaum gemeinsame Zeit mit ihren Kindern verbringen zu dürfen, etwa zwei Wochenenden im Monat und eine Woche im Sommer. Wie, fragten sie, sollen wir so eine richtige Beziehung aufbauen? Väter, die mit ihren Kindern immer in den Zoo gingen, habe ich Zoo-Väter genannt. Natürlich gab es auch Kino-Väter, und zweifellos litten alle sehr unter ihrer Situation.

In Deutschland liegt der Anteil von Vätern, die zu ihrem vierjährigen Kind eine gelungene Bindung aufgebaut haben, weit unter fünfzig Prozent. Doch wem dies nicht gelungen ist, während die Beziehung zur Mutter des Kindes noch Bestand hatte, der hat nach der Trennung natürlich große Schwierigkeiten, mit seinem Kind allein zu sein. Ich sage nicht, dass es dann zu spät ist – ich sage nur, dass diese Situation auch für die Kinder enorm schwierig ist.

Wenn man sie fragt, warum sie ihren Vater eigentlich noch besuchen, antworten viele: »Weil er so einsam ist.« Ich habe eine Dreizehnjährige getroffen, die ihren Vater um Erlaubnis gefragt hat, am nächsten Wochenende zur Geburtstagsfeier ihrer Großmutter (mütterlicherseits) gehen zu dürfen. Und der Vater sagte: »Nein, das ist mein Wochenende.« Wer sich so benimmt, ob Vater oder Mutter, der hat nichts Besseres verdient.

Die frühkindliche Bindung ist auch für Vater und Kind unheimlich wichtig.

Deshalb habe ich den Frauen stets geraten: »Wenn du abgestillt hast, mach erst mal Urlaub und lass deinen Mann mindestens acht Tage mit eurem Kind allein.« So lange dauert es nämlich, bis man instinktiv weiß und spürt, dass man zusammengehört. Die Mütter sollten auch nicht zweimal am Tag anrufen, um zu fragen, ob alles in Ordnung ist. Und die Väter sollten nicht anrufen, um zu fragen, wo die Socken und die Schnuller sind. Die meisten müssen mit dem Kind wirklich allein sein und auch alleine klarkommen. Denn sie lieben ihre Kinder genauso wie ihre Frauen und spüren dennoch eine gewisse Unsicherheit im Umgang mit ihren Kindern.

Aber das ändert sich allmählich, deswegen glaube ich auch, dass sich Männer und Frauen heute nicht mehr so furchtbar benehmen werden wie in meiner Generation.

Besondere Beziehung zu einem Elternteil

Ich wurde in den letzten zwanzig Jahren oft gefragt, wie es eigentlich den Kindern von Samenspendern geht, den Kindern also, die eigentlich keinen Vater haben beziehungsweise deren Vater anonym ist. Ich habe immer gesagt, dass ich das nicht beurteilen kann, weil ich solche Kinder nie kennengelernt habe.

Inzwischen habe ich glücklicherweise die Bekanntschaft einiger dieser Kinder gemacht, und die jüngste Untersuchung aus Schweden und Dänemark besagt, dass fünfundvierzig Prozent von ihnen sehr unter ihrer Situation leiden. Oft sind sie wütend auf ihre Mütter, weil sie ihnen ihren biologischen

Vater vorenthalten, und natürlich sollte man irgendeine Möglichkeit finden, wie Vater und Kind dennoch miteinander kommunizieren können.

Es ist häufig so, dass Kinder ganz verschiedenartige Beziehungen zu ihren beiden Eltern haben. Das hat nichts mit Liebe zu tun oder damit, wie viel Zeit man miteinander verbringt. Es ist einfach so, dass ein Elternteil für ein Kind mehr Bedeutung hat als der andere. Dass er in existenziellem Sinne eine größere Rolle einnimmt.

Wenn sich zum Beispiel Eltern mit drei Kindern trennen, kann es also sein, dass das für zwei Kinder trotz allem keine Katastrophe ist, für das dritte Kind aber eine Welt zusammenbricht, weil es gewissermaßen sein einziges Vorbild verliert. Das ist vollkommen unabhängig vom biologischen Geschlecht.

Wenn so eine existenzielle Verbindung zwischen Kind und Elternteil besteht, dann darf man den Kontakt nicht verhindern. Dann ist er lebenswichtig. Ich habe Kinder kennengelernt, deren Väter die Unzuverlässigkeit in Person waren. Die wollten ihre Kinder das ganze Wochenende haben, haben dann aber vergessen, sie abzuholen, weil sie in irgendeiner Kneipe saßen und sich betrunken haben. Ich glaube, wir alle kennen solche Dramen.

Wenn man als Kind so einen Vater und nicht diese besondere Beziehung zu ihm hat, dann gibt man irgendwann auf. Wenn aber diese besondere Beziehung besteht, wollen die Kinder ihren Vater unbedingt sehen, ganz gleich, wie unzuverlässig oder betrunken er ist.

Leider hat dieses Thema aber ein Riesenpotenzial, von den Eltern missbraucht zu werden. Deshalb sollten sie sich nicht auch noch darüber streiten, wer von ihnen diese besondere Beziehung zu dem Kind haben könnte.

Das Beste für uns

Im Zuge einer Trennung sagen die Eltern oft: »Wir müssen jetzt darüber reden, was das Beste für unser Kind ist.« Darauf erwidere ich: »Nein. Wir müssen darüber reden, was für Sie beide das Beste ist.«

Und wenn beide erklären, dass sie mit dem Kind zusammenleben wollen, dann haben wir eine gute Gesprächsgrundlage. Wir reden nicht darüber, was das Beste für ihr Kind ist, weil beide Eltern durch und durch korrumpiert sind und man ihnen nicht glauben kann. Doch wenn sie für sich sprechen, kann man ihren Aussagen vertrauen. Dann können wir damit beginnen, nach einem Kompromiss zu suchen, denn selbst bei durchschnittlicher Intelligenz ist beiden klar, dass ihre Wünsche unvereinbar sind.

Eine Antwort auf ihre Frage nach dem Wohl des Kindes habe ich dennoch: Das Beste für ein Kinder ist, wenn es beiden Eltern gut geht. Das wünscht sich jedes Kind. Und wenn es den Eltern im Moment nicht gut geht, dann müssen die Kinder damit leben.

Die ganze Diskussion um das Wohl des Kindes ist eigentlich ziemlich abstrakt. Was wissen wir schon darüber, wir haben keine Erkenntnisse, nur unsere Gefühle, das ist alles. Es geht Kindern maximal gut, wenn beide Eltern mit ihrem

Leben zufrieden sind und sich wohlfühlen. Dann können Kinder sich entspannen und entwickeln und zu ihren eigenen Bedingungen wachsen. Im anderen Fall verkümmern sie in dem Versuch, sich den traurigen Gegebenheiten anzupassen.

Kinder miteinbeziehen

Man kann Kinder gut in den Prozess der Trennung miteinbeziehen. Natürlich sollen Kinder nicht die Entscheidungen treffen – das müssen die Eltern tun. Diese Haltung hat aber leider auch dazu geführt, dass die armen Kinder gar nicht erst gefragt werden, wo und bei wem sie wohnen wollen. Aber das sollte man Kinder unbedingt fragen, ohne sich automatisch nach ihren Wünschen richten zu müssen. Dann wissen wir zumindest, wie es in ihnen aussieht, und können dies bei unserer Entscheidung berücksichtigen.

Die Kinder sollten also immer miteinbezogen werden – beteiligt sind sie ja ohnehin.

In Norwegen haben wir vor Jahren ein Video für das Familienministerium erstellt, in dem es darum ging, wie es für Kinder nach der Trennung weitergeht. Das Video hieß »Geschlossene Türen und offene Ohren«, weil Kinder alles hören, alles wissen und alles spüren. Die Frage, inwieweit wir mächtigen Erwachsenen unsere Kinder miteinbeziehen wollen, ist eigentlich müßig, weil sie automatisch miteinbezogen sind. Und wenn wir nicht mit ihnen darüber sprechen, sind die Kinder ihren Fantasien überlassen, und die sind immer selbstzerstörerisch.

Wir sollten die Kinder also unbedingt miteinbeziehen, und zwar auch dann, wenn wir unglücklich oder depressiv sind. Wenn wir wütend sind, sollten wir unseren Kindern sagen: »Ich bin gerade so wütend, dass ich erst mal in den Wald gehen und mich abreagieren muss. Aber wenn ich zurückkomme, können wir vielleicht miteinander spielen.«

Ich möchte Sie aber auch bitten, sich jeden Morgen selbst daran zu erinnern, dass das Leben viel länger ist als die Kindheit. Und viele von uns Erwachsenen sind heute froh, dass es für sie auch ein Leben nach der Kindheit gab.

Fragerunde mit Eltern und Fachleuten

Meryem: »In meiner Generation wurden die Kinder bei einer Trennung einfach vor vollendete Tatsachen gestellt. Was denken Sie darüber, ab welchem Alter man Kinder heute auch in die Kommunikation miteinbeziehen und ihnen etwas über die Krise erklären kann – also darüber, was mit den Eltern gerade los ist?«

Jesper Juul: »Das kann man ab dem Alter von einem Jahr oder auch früher machen. Aber da kommt es sehr darauf an, was Sie genau mit miteinbeziehen meinen.«

Meryem: »Ich selbst bin mit meinem Sohn vor gut dreißig Jahren so umgegangen, dass ich versucht habe, ihn aus allem herauszuhalten. Später, als die Beziehung eigentlich schon auseinandergegangen war, habe ich versucht, ihm das zu erklären. Und mir tut das heute ein bisschen leid, ich denke, ich hätte das viel früher tun können. Ich arbeite selbst auch mit Eltern, und ich würde gern wissen, was ich denen sagen kann, wenn so eine Frage kommt. Wie könnten die Gespräche zum Beispiel bei sehr kleinen Kindern aussehen?«

Jesper Juul: »Es gibt ja Kinder, die, wenn die Eltern sich streiten oder über längere Zeit kaum noch miteinander reden, fragen: ›Wollt ihr euch trennen?‹ Dann muss man sagen: ›Nein, das wollen wir nicht. Wir streiten uns, und es geht uns im Moment nicht gut, aber das hat nichts mit dir zu tun.‹ Wenn man sich schließlich zur Trennung entschieden hat, ist es meiner Ansicht nach sehr wichtig, dass sich beide Eltern mit den Kindern hinsetzen und sagen: ›So ist es. So machen wir das jetzt.‹

Die meisten Kinder unter fünfzehn Jahren vertragen zu diesem Zeitpunkt nicht so viele Erklärungen. Die sind erst mal geschockt und müssen die Nachricht verdauen. Das Allerschwierigste besteht darin, den Kindern mitzuteilen: ›Jetzt, ab nächster Woche, sind wir keine Familie mehr.‹ Das ist ungemein schwierig. Den meisten kommen dabei die Tränen, was völlig in Ordnung ist. Sonst denken die Kinder, dass nur sie trauern und ihre Eltern gut mit der Situation klarkommen, was die Kinder noch einsamer macht. Sprechen Sie also so früh wie möglich mit Ihren Kindern. Tun Sie das besser nicht mit der Ankündigung: ›Jetzt will ich dir etwas Wichtiges erzählen‹, sondern sprechen Sie einfach ein bisschen über sich selbst. Kinder sind unheimlich empfindlich gegenüber Stimmungen, und sobald die Erwachsenen diese ausdrücken oder in Worte fassen, können die Kinder sich entspannen.

Ein sechs Monate altes Kind versteht natürlich nicht den Inhalt der Worte, dafür aber die ›emotionale Musik‹ und Körpersprache der Erwachsenen. Es ist also auch für sehr junge Kinder gut, wenn die Eltern so offen wie möglich sind, statt zu versuchen, ihre Kinder zu schonen.«

Kurt: »Ich bin auch so ein Wochenendvater und habe eine Frage zu diesem Spannungsverhältnis in Bezug auf die Übernahme von Verantwortung. Man denkt ja ständig: Okay, ich muss jetzt etwas bieten, das Spaß macht. Meine Prinzipien will ich aber nicht unbedingt durchsetzen, weil das Probleme mit sich bringt und vielleicht die Beziehung zu meinem Kind gefährdet. Wie sehen Sie das?«

Jesper Juul: »Ich bin nicht ganz sicher, ob ich das richtig verstanden habe. Meinen Sie, dass man sich nicht notwendigerweise durchsetzen muss und nicht unbedingt eine Autorität sein muss?«

Kurt: »Also, als Wochenendvater hat man ja immer das Problem, dass man auf der einen Seite Normalität leben will und auf der anderen Seite so ein Spaßvater ist, der die gemeinsame Zeit wie ein Event gestalten will. Sie haben das vorhin Kino- und Zoo-Väter genannt. Und es ist schwierig, da die Balance zu finden. Man hat natürlich auch Angst, dass das Kind nicht mehr kommen will, wenn man ihm nicht genug bietet.«

Jesper Juul: »Also, wenn wir hier über Kinder im Schulalter sprechen, dann glaube ich, dann sollten Väter unbedingt zeigen, dass sie auch ein eigenes Leben haben. Das sage ich aufgrund von Aussagen von Kindern. Es ist also wichtig, dass die Väter ihr eigenes Leben nicht vorübergehend aufgeben, weil jetzt ihr Kind da ist.

Diese Idee, dass Eltern immer mit ihren Kindern zusammen sein sollen, ist in der Weltgeschichte ja völlig neu. Eltern haben sich immer um ihre eigenen Dinge gekümmert, haben geputzt und gekocht, waren im Garten, im Wald oder auf dem Feld, und die Kinder waren irgendwo in der Nähe. Dieses Konzept, sich drei Tage lang für acht Stunden am Tag intensiv mit seinem Kind zu beschäftigen, ist viel zu anstrengend für beide. Und ich habe tatsächlich sehr viele Zwölf- bis Vierzehnjährige getroffen, die sich deshalb große Sorgen machen und sich fragen: ›Wie kann ich das meinem Vater nur beibringen?‹

In Skandinavien ist es ja inzwischen ganz normal, dass man die Elternzeit aufteilt – dass die Kinder also eine Woche bei der Mutter und eine Woche beim Vater sind. Die großen Kinder sagen dann oft: ›Ich weiß, dass mein Vater zweimal in der Woche Tennis spielt. Aber wenn ich da bin, macht er das nie.‹ Das ist für die Kinder eine unheimliche Verantwortung. ›Ich muss meinen Vater immer unterhalten‹, sagen sie, ›ich muss meinen Vater beschäftigen, weil der arme Mann kein Leben hat, wenn ich da bin.‹

Mütter sind da ganz anders. Wenn Frauen Mütter werden, haben sie plötzlich keine eigenen Grenzen mehr und stehen immer zur Verfügung. Man kann immer zu ihnen kommen mit einem Bedürfnis oder einem Wunsch, und die Mütter lassen alles stehen und liegen und stehen zur Verfügung und glauben, dass das gut für die Kinder wäre.

Es wäre also sehr gut, wenn Väter diese Fehler nicht wiederholen. Wenn sie ihrem fünfjährigen Sohn zum Beispiel sagen, dass sie jetzt Zeitung lesen oder mit einem Freund telefonieren wollen und er deshalb alleine spielen muss, dann beschweren sich die meisten Kinder erst mal, aber so ist das eben. Und man sollte in diesem Punkt auch nicht verhandeln oder langatmige pädagogische Erklärungen von sich geben. Für Kinder ist es wichtig zu lernen, dass ihre Eltern auch für sich selbst da sind und natürlich auch füreinander, wenn sie zusammenleben.«

Greta: »Ich habe seit acht Jahren keinen Kontakt mehr zu meinen drei Kindern. Ich gehöre zu diesen wenigen entfremdeten Müttern. Und ich frage mich immer wieder: Wie kann ich Kontakt zu meinen Kindern aufnehmen? Mein Dilemma ist zum einen, dass man ihnen zeigen sollte, dass man für sie da ist und dass man sie liebt, andererseits führt jedes Auftauchen von mir – und sei es noch so zaghaft – zu Gewalt des Vaters gegen die Kinder. Ist es besser, ab und zu mal eine Karte zu schicken, oder sollte ich die Kinder aus diesem Konflikt heraushalten, indem ich mich weiter zurückhalte?«

Jesper Juul: »Das kann ich unmöglich beantworten, wenn ich die involvierten Personen nicht kenne. Wie ich es verstehe, sind Ihre Bedingungen als Mutter sehr begrenzt und sehr schlecht.«

Greta: »Ich habe zwar noch das Sorgerecht, aber faktisch habe ich keinen Zugang zu den Kindern, weil der Vater kategorisch Nein sagt und meine Versuche – auch über das Jugendamt – immer sofort abgeblockt werden. Das letzte Mal endete es damit, dass mein ältester Sohn mir in einer E-Mail vorwarf, ihr Leben zu zerstören. Ich solle dem Vater jetzt das Sorgerecht überlassen und endlich Unterhalt zahlen. Das war eine sehr verstörende E-Mail. Die Kinder werden vom Vater komplett indoktriniert und jede Kontaktaufnahme von mir verteufelt.«

Jesper Juul: »Ich glaube, in so einem Fall gibt es keine richtige Antwort. Unmittelbar würde ich sagen: Wenn Sie das aushalten können, dann warten Sie. Denn wenn der Vater sich so verhält, ist das ja vollkommen krank.«

Greta: »Ich weiß, dass er krank ist – bei meiner Nachfolgerin wurde alles zerstört, was sie hatte.«

Jesper Juul: »Das Furchtbare an Propaganda ist, dass sie wirkt. Und wenn jemand täglich Propaganda macht, haben die Kinder keine andere Möglichkeit, als sich für eine Seite zu entscheiden. Man kann nicht mit seinem Vater zusammenleben und seine Mutter nicht treffen und gleichzeitig gegen seinen Vater sein. Das geht nicht, das kann man nicht überleben.

Doch ich weiß, dass es bei Kindern, die so manipuliert werden, immer zwei Phänomene gibt: Es gibt ein schlechtes Gewissen, und es gibt eine Sehnsucht. Und beide bleiben. Wenn man dann Kontakt aufnimmt, geht das nicht mit allen drei Kindern auf einmal. Das muss mit jedem einzeln geschehen und erfordert eine große strategische Planung.

Aber eines kann ich versprechen: Die Sehnsucht ist da bei den Kindern. Natürlich kann es lange dauern, alles zu erklären etc. In Ihrem Fall stellt sich die schwierige Frage, wie Sie wieder eine Beziehung zu Ihren Kindern aufbauen können, ohne über den Vater zu reden. Das ist ja fast unmöglich.

Ich weiß also auch keine Lösung, das Ganze ist so absurd, dass alle normalen Prozesse sozusagen außer Funktion sind. Es gibt eigentlich nur Trauer bei allen Beteiligten – zumindest bei vieren, ich weiß ja nichts über den Vater. Und es geht ja nicht darum, was er mit Ihnen als Mutter und Partnerin erlebt hat. Es geht darum, dass wir hier einen Vater haben, der nicht einmal die Mindestanforderungen an einen kompetenten Vater erfüllt. So etwas sollte eigentlich kein Kind erleben müssen.«

Georg: »Welche Verluste erleiden denn die Söhne, wenn ihre Väter nicht für sie da sind?«

Jesper Juul: »Ich kann Ihnen da keinen Katalog geben. Wenn Jungen frustriert und aggressiv sind, weil ihre Väter nicht für sie da sind, dann sage ich zu den Vätern, dass sie jeden Tag mindestens eine halbe Stunde mit ihrem Sohn raufen sollen. Auf dem Rasen, auf dem Bett, auf dem Fußboden, wo auch immer. Denn die armen Jungs wissen nicht, wie sie mit ihrer maskulinen Kraft umgehen sollen. Und das können sie nicht von ihren Müttern lernen, das geht nur durch die körperliche Erfahrung mit den Vätern. Es ist ja kein Zufall, dass die meisten der jungen Leute, die Menschen in der U-Bahn umbringen und so weiter, Jungen sind – und zwar vaterlose Jungen.

Es ist auch für Mädchen gut und sehr wichtig, einen Vater zu haben. Da ist das Ganze allerdings noch komplexer. Tatsache ist: Wenn Väter nicht da sind, fehlen fünfzig Prozent – und die kann niemand kompensieren, das geht nicht.

Frauen sagen oft, es sei so schwierig, alleinerziehende Mutter zu sein, weil man da Mutter und Vater zugleich sein muss. Aber das ist nicht schwierig, sondern unmöglich! Man kann nur das sein, was man ist.«

Danksagung

Als Autor und Herausgeber dieses wichtigen Buches für Eltern danke ich zu allererst Jesper Juul, dass er immer bereit war, seine Auftritte filmen zu lassen. Er hat es so für uns alle möglich gemacht – auch Jahre nach seinem Ableben –, noch authentisch seine Sicht der Familie vor, während und nach der Trennung darzustellen. Als ich die transkribierte Fassung das erste Mal gelesen hatte, dachte ich, ihn neben mir zu hören, wie er in seinem unverwechselbaren, sympathischen, dänischen Dialekt spricht. Es war immer eines seiner Qualitätsmerkmale, druckreif sprechen zu können, und das in einer fremden Sprache!

Es beeindruckt mich immer wieder, wie Jesper Juul die übergeordnete Ebene – gerade in Elternkrisen – sieht und darauf eingeht und so in aller Kürze eine klare Haltung ermöglicht. Klar wird dabei, dass das nicht die richtige Antwort, die richtige Haltung ist. Es ist eine der möglichen Antworten eines erfahrenen Fachmanns, an denen man sich orientieren kann, oder es ganz anders macht. Jesper Juul bedient keine Klischees, oftmals beschreibt er Zustände, die Eltern nicht so gerne hören. Er war nie angepasst, lieb. Er war – und ist es auch in diesem Buch – klar, er beschreibt hilfreich Dynamiken, und man kann ihm folgen mit den eigenen Handlungen oder es lassen und noch etwas wirken lassen, um selbst überzeugt zu werden. Immer wieder beschreibt er unbequeme Wahrheiten, etwa dass Mütter den Vater nicht ersetzen können, auch wenn sie sich noch so sehr bemühen. Das wollen viele Mütter nicht hören, doch »man kann nur die sein, die man ist«. Wie oft habe ich erlebt, dass Eltern es nach anfänglichem Widerstand geschafft haben, eine gute Form der Kooperation zu finden, ohne geladenen Colt am Halfter. Diesen Schritt kann niemand für Sie gehen, nur Sie selbst, und dazu wünsche ich Ihnen Mut und Kraft!

Ich danke Frau Nuka Matthies für ihre konzentrierte Arbeit, den Text der DVD in Schriftform zu bringen. Liebe Nuka, deine Passion, nahezu perfekt zu arbeiten, ist auch dieses Mal gelungen. Frau Claudia Bitz, meine kluge Lektorin, hat dem Buch den Schliff gegeben, den Autoren nicht so sehen, herzlichen Dank dafür! Last but not least danke ich dem wunderbaren Übersetzer Knut Krüger dafür, einen Teil des Manuskripts vom Dänischen ins Deutsche übersetzt zu haben. Wie immer, in so vielen Büchern, haben Sie, Herr Krüger, die unverwechselbare Sprache von Jesper Juul ins Deutsche gebracht, als ob er neben einem stünde, danke dafür!

Buchtipps

Hannsjörg und Eva-Mariele Bachmann: *Familien leben. Wie Kinder und Eltern gemeinsam wachsen. Ein Grundlagenbuch*. München 2019

Frank und Gundi Gaschler: *Ich will verstehen, was du wirklich brauchst. Gewaltfreie Kommunikation mit Kindern*. München 2020

Jesper Juul: *Aus Erziehung wird Beziehung. Authentische Eltern – kompetente Kinder*. Hrsg. v. Ingeborg Szöllösi. Freiburg 2005

Jesper Juul: *Dein kompetentes Kind. Auf dem Weg zu einer neuen Wertegrundlage für die ganze Familie*. Reinbek 2009

Jesper Juul: *Dein selbstbestimmtes Kind. Unterstützung für Eltern, deren Kinder früh nach Autonomie streben*. München 2020

Jesper Juul: *Die kompetente Familie. Neue Wege in der Erziehung*. Weinheim 2017

Jesper Juul: *Frag Jesper Juul – Gespräche mit Eltern*. Weinheim 2012

Jesper Juul: *Grenzen, Nähe, Respekt. Wie Eltern und Kinder sich finden*. Reinbek 2004

Jesper Juul: *Nein aus Liebe. Klare Eltern, starke Kinder*. München 2008 (auch als Hörbuch erhältlich)

Jesper Juul: *Unser Kind ist chronisch krank. Ein Ratgeber für Eltern*. Weinheim 2014

Jesper Juul / Helle Jensen: *Vom Gehorsam zur Verantwortung. Für eine neue Erziehungskultur*. Weinheim 2017

Jesper Juul: *Was gibt's heute? Gemeinsam essen macht Familie stark*. Weinheim 2016

Mathias Voelchert / Andrea Kästle: *Ich geh' aber nicht mit zum Wandern*. München 2015

Mathias Voelchert: *Liebevolle elterliche Führung. Das Praxisbuch*. Weinheim 2017

Mathias Voelchert: *Chancen verlieben sich. Wie Partner sich immer wieder neu entdecken können*. Oberbucha 2014

Mathias Voelchert: *Trennung in Liebe … damit Freundschaft bleibt*. München 2019

Mathias Voelchert: *Zum Frieden gehören zwei, zum Krieg reicht einer. Wie Paare Konflikte in Liebe lösen*. München 2016

Anmerkungen

1 Das haben Resilienzforschungen, die von Emmy Werner im Jahr 1953 begonnen wurden, in über vierzig Jahren eindrücklich belegt.

2 Gottman nennt diese Beziehungskiller »Die vier apokalyptischen Reiter der Paarbeziehung«. Vgl. dazu
– John M. Gottman, Julie Schwartz Gottman: *The Science of Couples and Family Therapy, A new general systems theory for treating couples and families*, New York 2018
– John M. Gottman / Robert W. Levenson: »Marital processes predictive of later dissolution. Behavior, physiology, and health« in *Journal of Personality and Social Psychology* 1992 63 (2) 221–233
– sowie Christian Weber: »Besser lieben« in *Süddeutsche Zeitung* 30.10./31.10./01.11.2021, S. 32

3 69 Prozent der Scheidungen wurden von Frauen eingereicht. In einer Langzeiterhebung über sechs Jahre wurden mehr als 2200 Erwachsene zu ihren Beziehungen befragt. Vgl. Michael J. Rosenfeld, Reuben J. Thomas, M. Falcon: »How couples meet and stay together (HCMST), Wave 1 2009, Wave 2 2010, Wave 3 2011, Wave 4 2013, Wave 5 2015«, in: *Inter-university Consortium for Political and Social Research*, Ann Arbor 2016-03-18. https://doi.org/10.3886/ICPSR30103.v8

4 Khalil Gibran: *Der Prophet*, München 2014 / 2021, S. 19

Die Autoren

Jesper Juul (1948–2019) war einer der bedeutendsten und innovativsten Familientherapeuten Europas, Konfliktberater und Gründer des Elternberatungsprojekts familylab international. Durch zahlreiche Seminare, Vorträge, Medienauftritte und erfolgreiche Elternbücher wurde er international bekannt. Seine respektvolle, gleichwürdige Art, mit Menschen umzugehen, beeindruckt Fachleute wie Eltern auch heute immer wieder neu.

Mathias Voelchert, geb. 1953, ist Gründer und Leiter von familylab.de. Er berät u.a. Paare und Familien zum Thema Trennung in Liebe, Gleichwürdigkeit und gelingende Beziehung. Er ist Betriebswirt, Ausbilder, praktischer Supervisor, Coach mit systemischer Ausbildung und diversen Weiterbildungen, Autor und seit 1983 selbstständiger Unternehmer. Außerdem bildet er seit Jahren Fachleute zum Thema Beziehungskompetenz in Schulen, Unternehmen und in der Familienberatung weiter. Der Vater von zwei erwachsenen Kindern lebt mit seiner Frau im Bayerischen Wald.

familylab – die Familienwerkstatt

Familylab bietet Eltern wertvolle Inspiration und Beratung. Wir ermuntern Eltern, gemeinsam zu erforschen: Wer sie sind und was sie sich wünschen – bezogen auf ihre Familie im Allgemeinen ebenso wie auf aktuelle Konflikte, die sie erfahren. Familylab gibt es mittlerweile in 22 Ländern weltweit. Die LänderleiterInnen aller familylab-Länder haben sich in der familylab Association, dem familylab-Verein, zusammengeschlossen. Mehr Infos auf familylabassociation.com.

Was Sie von familylab erwarten können

Wir bieten Ihnen Beratung, Vorträge und Workshops durch qualifizierte Fachleute in Ihrer Nähe. Im Internet finden Sie umfangreiche Informationen rund um das Zusammenleben in der Familie, Videos, Downloads, Interviews, Veranstaltungshinweise, Büchershop, den familylab-Newsletter und vieles mehr.

familylab für Familien und Schulen

Wir bieten Inspiration, Vorträge und Workshops für Firmen und ihre Mitarbeiter sowie für Schulen, Leitungsteams und Lehrer an. Das Programm heißt: *Das wird Schule machen. Teil 1* und

Teil 2. Es befähigt teilnehmende Lehrkräfte zur Weitergabe der Inhalte an ihre Kolleginnen und Kollegen. Denn unser Schulsystem kann nur so gut sein wie seine Lehrerinnen und Lehrer!

Weiterbildung zur familylab-Seminarleiterin / zur familylab-Familienberaterin

Wenn Sie Eltern mögen und vertrauen und wenn Sie mithelfen wollen, dass die Beziehungen von Eltern und ihren Kindern noch besser werden, dann beachten Sie unser Weiterbildungsangebot zur familylab-Seminarleiterin / zum familylab-Seminarleiter und zur familylab-Familienberaterin / zum familylab-Familienberater. Wir suchen Fachleute mit mindestens fünf Jahren Berufserfahrung, die sich für ein außergewöhnliches Projekt für Eltern in Deutschland engagieren wollen. Wir bieten Ihnen ein intensives, acht- bzw. 16-tägiges Training mit einem zertifizierten Abschluss durch familylab.de sowie fortlaufende qualifizierende Weiterbildungen.

Mehr Informationen im Internet

www.familylab.de – die Familienwerkstatt
E-Mail: info@familylab.de
Tel: 0 99 62/2 03 51 10
Für Österreich: www.familylab.at
Für die Schweiz: www.familylab.ch

Postanschrift

familylab.de
Mathias Voelchert GmbH
Oberbucha 4
94336 Windberg

Was kommt,
wenn die Liebe geht?
MATHIAS VOELCHERT
Trennung
in Liebe
Damit
Freundschaft
bleibt
Kösel
Überarbeitete
Neuausgabe
Trennung ist nicht gleichbedeutend mit Scheitern. Der erfahrene Paarberater Mathias Voelchert zeigt, wie man den Trennungsprozess positiv und erfolgreich gestaltet, sodass niemand sich als Verlierer fühlen muss und Raum für einen Neuanfang entsteht. Dann kann aus Liebe Freundschaft werden.
Kösel
www.koesel.de